Me siguen asombrando los modos y lugares que Dios usa para impactar la vida de una persona y en este libro encontramos un testimonio fiel, de un modo y un lugar que el Señor eligió para Ángel Casiano. Estoy completamente seguro de que este libro también es una de esas maneras en que Dios bendecirá tu vida.

Andrés Aarón Briceño Domenzain

Abogado y Director de Alabanza de la Iglesia "La Hermosa" de Yokdzonot, Yucatán.

Excelente libro, una gran enseñanza a través de un testimonio. Prof. PAULO ERIC Martínez PLATAS. Licenciado en ciencias sociales.

Saludos hermano Dios lo bendiga

Mi pastor Andrés Briceño Ruiz y yo en el Cenote de Yokdzonot

7 Banderas de Esperanza
"La Bendición de Yokdzonot"

ANGEL CASIANO

Storehouse Media Group, LLC

Jacksonville, Florida

7 Banderas de Esperanza: "La Bendición de Yokdzonot"

Copyright © 2019 by Angel Casiano

All rights reserved. No part of this publication may be reproduced, distributed, or transmitted in any form or by any means, including photocopying, recording, or other electronic or mechanical methods, without the prior written permission of the author, except in the case of brief quotations embodied in critical reviews and certain other noncommercial uses permitted by copyright law. For permission requests, email author at email address below and type in subject line: "Attention: Permissions Coordinator."

Angel Casiano

144 Mountain View Drive
Fairbanks, AK 99712
www.angelcasiano.com
angelcasiano@aol.com

Ordering Information:

Quantity sales. Special discounts are available with the author at the email address above and type in subject line "Special Sales."

Publisher Information:
Storehouse Media Group, LLC
Jacksonville, Florida 32258
www.StorehouseMediaGroup.com
Hello@StorehouseMediaGroup.com

The views expressed in this work are solely those of the author and do not necessarily reflect the views of the publisher, and the publisher hereby disclaims any responsibility for them.

7 Banderas de Esperanza: "La Bendición de Yokdzonot" / Ángel Casiano —1st ed.

ISBN-13: 978-1-943106-38-7 (paperback)
ISBN-13: 978-1-943106-39-4 (ebook)

Library of Congress Control Number: 2019937620

Printed in the United States of America

DEDICATORIA

Este libro está escrito para la gloria de Aquél quien salvó mi vida el 26 de Abril del año 1997. Mi Señor Jesús, a ti sea la gloria, la honra y el honor.

EPÍGRAFE

Por la misericordia de Jehová no hemos sido consumidos, porque nunca decayeron sus misericordias.

23 Nuevas son cada mañana; grande es tu fidelidad.

24 Mi porción es Jehová, dijo mi alma; por tanto, en él esperaré.
Lamentaciones 3:22-24 Reina-Valera 1960 (RVR 1960)

AGRADECIMIENTOS

Mis agradecimientos sinceros, primeramente, a Dios por darme la gracia de escribir este libro. Mi esposa Rayette, tu convicción y respeto por la Palabra de Dios es lo que más me gusta de ti. A mis queridos padres, Norma Iris Claudio Lugo y Luis Ángel Casiano Mercado porque nadie en este mundo me ha mostrado tanto amor. A mis hermanos Carlos y Héctor y mi hermana Rosario, siempre los llevo en mi corazón. A mi querido pastor, amigo y hermano, Andrés Briceño Ruiz. Gracias por tu apoyo, tus consejos sabios, tu ejemplo y tus oraciones. A tu hijo, el Licenciado Andrés Briceño Jr. (Andy). El fue el primero en leer este libro. Agradezco tus palabras de ánimo para seguir adelante con este proyecto. También quiero darle las gracias al Maestro Paulo Eric Martínez Platas y a su querida esposa, la Maestra Miriam Esther Yah Yuyub. Gracias por sacar de su tiempo tan valiosos para ayudarme a editar este libro. Gracias a todos mis hermanos de la Iglesia La Hermosa… ¡Los quiero de corazón! Un agradecimiento muy especial para el hermano Teodoro Sansores por permitirme quedarme en su casita por dos semanas. Fue en esa casita en donde la mayoría de las páginas de este libro fueron escritas. Finalmente, muchas gracias a Sherrie Price Clark y "Storehouse Publishing" por confiar en mi para la publicación de este libro; nadie me ha animado más a escribir que tú.

TABLA DE CONTENIDO

Prefacio xiii

Introducción xv

Capítulo 1: Recordando Mi Primer Viaje A Mérida 1

Capítulo 2: Segundo Viaje A Mérida 11

Capítulo 3: Tercer Viaje A Mérida 19

Capítulo 4: Mi Cuarta Visita A Mérida 27

Capítulo 5: Comienzo A Ministrar En Esta, Mi Cuarta Visita A La Hermosa 35

Capítulo 6: Confrontado La Enfermedad De Mi Alma 45

Capítulo 7: Mucho Trabajo, Poca Ayuda 53

Capítulo 8: De Regreso A Fairbanks 79

Conclusión 83

Sobre El Autor: **Angel Casiano** 85

PREFACIO

No existió una gran discusión, ni planificación antes de sumergirme en la obra de escribir este libro. Parece ser que no hay ninguna teoría que quiera confirmar o algún argumento específico que quiero presentar. El libro, simplemente fluyó, libremente. Las columnas céntricas se enfocan en describir mis primeros cuatro viajes a Yucatán y, algunos de los aspectos personales que sucedían en mi vida entre dichos viajes. También se añaden a esas columnas, los puntos principales de mi primera ministración de la Palabra de Dios en dicha región; el sermón "Siete Banderas de Esperanza." El concreto o cemento que sostienen las columnas de este libro es el amor de Dios y los mensajes bíblicos que van dirigidos a la Iglesia. Concluyo entonces que este no es un libro de testimonios solamente, mas también un libro de doctrinas.

INTRODUCCIÓN

El libro que hoy tienes en tus manos nació la madrugada del 9 de diciembre del 2016 y ya para el 22 de diciembre de 2016 estaba listo para la primera edición. Comencé a escribir en la cocina de mi casa en Fairbanks, Alaska; luego en aviones y aeropuertos; pero la mayoría sería escrita en la población de Yokdzonot, México.

No tenía ningún plan de escribir este libro; de hecho, apenas había terminado un libro de devocionales y me encontraba trabajando en uno más de ficción, por lo cual me encontraba bastante ocupado. Sin embargo, pareció ser que Dios me dio instrucciones a poner en pausa todos los demás proyectos para enfocarme en este relato.

Esa madrugada del 9 de diciembre de 2016 me encontraba empacando y preparándome para mi cuarto viaje a Yokdzonot. Este sería el viaje en donde pasaría más tiempo y ministraría más que los primeros tres viajes combinados. Otra característica particular de este viaje es que no me quedaría en un hotel, sino que me quedaría en una casita al cruzar la calle de la Iglesia "La Hermosa," en Yokdzonot.

Para escribir sobre mis primeros tres viajes a Yucatán fue necesario recurrir a la memoria. En el cuarto viaje expando con más detalles. Este libro relata algunas historias; unas un tanto graciosas, otras un tanto tristes y otras llenas de mucho amor y esperanza. El libro envuelve enseñanzas, bendiciones recibidas y en fin, el dar y el recibir. En medio de todo lo escrito, incorporo el mensaje de Las Siete Banderas de Esperanzas; siendo este, el título de mi primer sermón en México; un sermón que prediqué específicamente en la Iglesia "La Hermosa," en Yokdzonot, Yucatán.

CAPÍTULO I

RECORDANDO MI PRIMER VIAJE A MÉRIDA

Hace alrededor de quince años que visité a Yucatán por primera vez. Fui para acompañar al hermano José Bosque, quien fue mi primer pastor. Mi familia y yo formábamos parte de la Iglesia La Casa del Padre en Jacksonville, Florida en la cual servía como diácono.

Llegamos a la Ciudad de Mérida y los hermanos ya estaban en el aeropuerto listos para recogernos. Pude ver con mis propios ojos el amor y el respeto tan grande que esos hermanitos le tenían al hermano Bosque. A mí también me recibieron como parte de la familia.

Tan pronto como entré al coliseo Polifórum Zamná en Mérida, en donde se llevaría a cabo la conferencia, pude sentir la presencia de Dios. Creo que Bosque se encontraba hablando con los hermanos organizadores, quizás de aspectos logísticos, cuando rápidamente comenzaron todos a orar.

Sin importarme la ropa que tenía puesta esa primera noche, me postré en el suelo de concreto llorando y gimiendo por este pueblo de Yucatán que me había robado el corazón tan rápidamente. Entonces me di cuenta que este viaje era con propósito santo. Hasta ese momento no había encontrado un propósito personal por mi participación en dicha misión, fuera de servir a José Bosque.

José Bosque fue el predicador central de dicha conferencia. Representaciones de muchas Iglesias se dieron cita. José ministró de una forma poderosa. Aunque José habla español, su primer lenguaje es el inglés ya que salió de Cuba de muy niño. Increíblemente, pude ver como Dios lo bendecía y le daba entendimiento y gracia para predicar en español con mucha autoridad y con claridad.

Cientos de personas se dieron cita al coliseo en Mérida. Vi grupos de alabanzas y danzarinas; el colorido y entusiasmo del pueblo era tangible. Me dio la impresión de que en Mérida todo el mundo toca algún instrumento musical; parecía ser que los únicos dos que no tocaban instrumentos eran José Bosque y yo.

¿Qué Quieres Tú de Mi?

A cargo de la música estaba otro cubano que reside en Mérida desde hace muchos años, Humberto Casanova; un increíble y talentoso músico. Tuve la oportunidad de cantar en dicha conferencia bajo la dirección musical de Humberto. Canté un viejo corito que creo que es titulado "Si Tuviera Fe Como un Grano de Mostaza." Luego de que el Pastor Bosque terminara su poderosa predicación, el Espíritu de Dios tocaba al pueblo. Una vez más me subí a cantar con el grupo de alabanza. Fue entonces que Dios me dio un cántico nuevo que tocó a mucha gente. Hubo pastores que me informaron que ellos sintieron que ese cántico fue el centro del mensaje de Dios para las Iglesias en esta área. La canción se titula: "¿Qué Quieres Tú De Mi? Quise grabarla, hacer algo con esta canción, pero nada se materializó. Al pasar el tiempo me olvidé de ella. Esta es la letra de canción:

7 Banderas de Esperanza

Padre mío aquí estoy
Postrado ante tus pies.
Busco una palabra tuya,
Manifiesta tu poder.

Padre estoy desesperado
Ya mis fuerzas se me acaban;
Necesito tu presencia
Manifestada.
Coro
¿Qué quieres tú de mí?
¿Qué quieres tú de mí?
¿Qué quieres tú de mí?
Oh, oh, mi Dios.
¿Qué quieres tú de mí?
No puedo ya existir.
¿Qué quieres tú de mí?
Oh, oh mi Dios.

Yo sé que tú eres bueno
Yo sé que tú eres santo.
No cuestiono tu carácter
Más presento mi quebranto.

Cuanto deseo tu gloria,
Cuanto anhelo tu abrazo.
Danos un avivamiento
Sobre toda la tierra.
Coro
¿Qué quieres tú de mí?
¿Qué quieres tú de mí?
¿Qué quieres tú de mí?
Oh, oh, mi Dios.
¿Qué quieres tú de mí?
No puedo ya existir.
¿Qué quieres tú de mí?
Oh, oh mi Dios.

Angel Casiano

Cuando Visité a La Hermosa por Primera Vez

Hasta ese momento, mi responsabilidad era proteger al pastor José Bosque y servirle de guarda espaldas, más Dios, no solo abrió puertas para cantar, sino también para predicar en un lugar que queda como a una hora al este de Mérida; en un pueblito entre Mérida y Cancún llamado, Yokdzonot. José se quedaría en Mérida ministrando. Fue la única vez que nos separamos.

Un hermano pastor, del cual no me acuerdo su nombre y un líder de alabanza llamado Gilberto José Palma García, me recogieron en el hotel en Mérida en donde me quedaba con José Bosque. El pastor del cual no me acuerdo el nombre era el que manejaba el vehículo; era un tipo muy enérgico. Creo que tenía el don profético. Su pasión por Dios y la Coca Cola era obvia. Yo noté que él manejaba el carro en el centro de la carretera; sé que en algunos lugares de Europa se manejan los carros en la izquierda y que nosotros manejamos en la parte derecha de la carretera; pero este hombre solo se movía hacia la derecha cuando venían carros de frente. Yo no hice ninguna pregunta, pero creo que el profeta me leyó el pensamiento; él me dijo, "Hermano, manejo en el centro de la carretera para evitar que los dientes de las serpientes me revienten una llanta." Yo no soy fanático de las serpientes; desde ese momento miraba la carretera más atentamente.

De camino a Yokdzonot y mientras más me alejaba de la preciosa ciudad de Mérida, comencé a ver pobreza como nunca en mi vida. Una vez más me encontré gimiendo en el asiento trasero del carro. Recuerdo que calladamente le pedí a Dios que me ayudara, ya que no podía ministrarle a este pueblo en esas condiciones, sintiendo lástima por ellos, debía estar preparado para darles un mensaje de esperanza.

Al llegar a Yokdzonot, ya había gente esperando. Lo primero que hice al llegar fue preguntar por el baño. El baño era muy diferente a los baños a los cuales yo estoy acostumbrado; este era un baño sin paredes ni puertas y al aire libre. El hermano pastor, me dijo que tuviera cuidado con las serpientes. No sé si el profeta se dio cuenta de que, aunque soy un hombre de Dios, le tengo temor a las serpientes; creo que en sus adentros el hombre se reía de mí.

De camino al baño noté unos adolescentes que me miraron y creo que también se reían calladamente de mí. No sé cuanta distancia caminé para sentirme seguro de que nadie me veía orinando, pero se me hizo largo pensando en las serpientes. Gracias a Dios que solo tenía ganas de orinar; no creo que hubiese tenido el valor de inclinarme. Desde ese día tengo una apreciación muy especial por los baños; siempre aprovecho el ir a baños públicos, aunque no tenga ganas; supongo que quedé traumatizado.

El edificio de la Iglesia La Hermosa era pequeñito; tampoco era una estructura de cemento ni madera, sino de hojas y ramas; el piso era de tierra. Mas no nos reunimos en el edificio, sino al aire libre. Pastores del área vinieron a visitar; no recuerdo cuántas personas estaban presentes, pero me atrevería a decir que eran alrededor de 60 personas. Todos se veían tan humildes y con un sincero amor por Dios.

Fue en ese primer viaje a Yokdzonot que conocí al Pastor Andrés Briceño Ruiz; pastor de la Iglesia "La Hermosa," la cual era la sede del evento. Desde el primer instante me cayó muy bien Andrés.

El hermano Gilberto agarró la guitarra y cantó unos cuantos cánticos para comenzar el servicio. Palma también se convertiría en un gran amigo muy querido para mí.

Me acuerdo que ministré el mensaje, "7 Banderas de Esperanza." Esa no fue la primera vez que había predicado dicho mensaje; creo que fue la segunda vez; pero esa fue la primera vez que me di cuenta de que este era un mensaje especial.

Antes de predicar les expliqué a los congregados que soy de Puerto Rico, en donde aprendí mi español y que si digo algo ofensivo o una mala palabra, es porque, aunque compartimos el mismo lenguaje, también tenemos marcadas diferencias, no tan solo en acento, sino también en el significado de algunas palabras.

Mientras predicaba no vi expresiones en los rostros del pueblo. Nadie decía amén; no veía ningún tipo de expresión carismática. En las Iglesias pentecostales uno se acostumbra a tanto algarabío. Me preguntaba en mis adentros ¿Me estarán entendiendo? En mi diálogo interno me decía a mí mismo, no creo que les guste el mensaje. Pero sentí el Espíritu decirme, "Confía en mi Palabra." En esa voz maravillosa encontré aliento, confianza y valentía para seguir predicando.

Al terminar el mensaje me preparaba para retirarme. Pensé que el mensaje no penetró. Durante todo el mensaje no escuché ni tan solo un "Amén" que me dejara saber que el mensaje era aprobado o que al menos estaban escuchando. Y de repente, vi la gloria de Dios manifestarse en ese pequeño lugar como nunca en mi vida. Vi niños de quizás 6 a 10 años llorando incontrolablemente. Vi adolescentes también en lágrimas y un grupo de hombres, quienes fui informado, eran pastores del área; ellos también lloraban ante la presencia de Dios.

Fue un momento precioso; no sabía que hacer; nunca había experimentado una presencia tan fuerte y palpable. Lo que estaba viendo estaba fuera de mi control. No tengo suficiente entendimiento del idioma español para expresar la preciosura de ese momento que quedará grabado por siempre en mi corazón y en mi mente.

Luego, en mi segundo viaje a Mérida, también con el Pastor Bosque, regresaría a Yokdzonot. Para mi sorpresa, parte del adorno de su pequeño edificio eran las banderas que representaban cada punto de mi sermón.

¿Dónde Están los Cristianos en mi Familia?

Aunque conocí en vida a mi bisabuelo paterno y a mi bisabuela materna; ambos de más de 100 años de vida; nunca vi un hombre o mujer de Dios con mis apellidos, Casiano o Claudio. Es por eso que me parecía extraño y no natural el ser un predicador y maestro de la Palabra.

No sé lo que Dios hará conmigo en mi vida como ministro; lo que sí sé es que mi historia como ministro sería incompleta sin las páginas de Mérida, La Iglesia "La Hermosa," el Pastor Andrés Briceño Ruiz y Yokdzonot.

Hoy día puedo decir que en mi familia hay, no tan solo cristianos, si no también ministros de la Palabra. En mi familia nuclear el primero en confesar a Cristo como Señor y Salvador fue mi hermano Carlos. Sigo creyéndole a Dios por grandes cosas para los Casianos y para los Claudios.

De Regreso a Jacksonville: Deprimido por un Mes

Al regresar a Jacksonville, Florida, después de mi primer viaje a Mérida, experimenté una depresión y una tristeza profunda. Yokdzonot particularmente, se quedó con un pedazo de mi corazón. Al regresar a los Estados Unidos y su abundancia y las quejas y mal agradecimientos tan marcados en nuestra cultura, noté que mis niveles de tolerancia y compasión por otros fueron afectados negativamente.

La Primera Bandera: La Bandera del Amor

"No nos cansemos, pues, de hacer bien…"
(Gálatas 6:9)

La primera bandera que el diablo ataca es la bandera del amor. Es tan fácil envolverse en ministerios, pero es muy difícil mantenerse fiel. Existen veinte mil razones para dejar de amar. El Apóstol Pablo nos dice que no nos cansemos de hacer el bien. El hacer el bien a otros quizás no es tan difícil, lo que lo hace difícil y quizás imposible en nuestras propias fuerzas es cuando le hacemos el bien a esos que nos hacen el mal.

Angel Casiano

Las traiciones y las heridas que se sufren en esta vida están diseñadas para verdaderamente poner a prueba nuestro amor. Creo que es vital que cuando entrenemos a nuestros discípulos para los diversos ministerios, también los preparemos para la traición y el mal agradecimiento. Cuando recibimos a Cristo y tenemos ese primer amor fresco en nuestros corazones; amamos a Dios y queremos amar al mundo entero. Es bíblico el sentirse de esa forma; debemos siempre mantener ese tipo de corazón; pero si no nos preparamos para amar a aquellos que solo conocen el odio, pronto nos convertiremos en cristianos amargados.

Esa amargura infectó mi corazón cuando regresé de Mérida. ¿Cómo es posible que "La Hermosa" ame a Dios tanto; que el pastor Andrés Briceño Ruiz sea tan fiel con tan poco? ¿Cómo es posible que este pueblo adore a Dios con mucha más pasión que nosotros que tenemos tanto? La apatía, la falta de fe y fidelidad provocaron en mis reacciones negativamente notables para todos aquellos que estaban cerca de mí.

El amor que Dios nos manda a ofrecerle a todos, incluyendo a nuestros enemigos (Mateo 5:44), un amor incondicional. Este es un amor sin condiciones, un amor que da sin esperar nada a cambio; un amor que no mira a quién; un amor que trasciende y va más allá de todas las leyes del mundo. Dios mismo resumió toda la ley en amarlo a Él por sobre todas las cosas y amar al prójimo como a nosotros mismos (Marcos 12:30-31). Si estás cansado de hacer el bien, estás en desobediencia a Dios; pídele perdón a Dios e implora que restaure tus fuerzas. En Mateo 11:28 Jesucristo se ofrece para ayudarte y para renovarte.

Si dejamos que Cristo nos ayude podremos cargar 1,000 kilogramos; porque Él lo cargará por nosotros. Más sin Él, esos 1,000 kilogramos nos aplastarán. Sin Cristo aún 10 kilogramos nos cansarán. El estar totalmente cansado es evidencia de que lo que sea que estás haciendo lo estás haciendo en tus propias fuerzas y sin mantener tu relación con Cristo.

La Segunda Bandera: La Bandera del Tiempo de Dios

"...porque a su tiempo..." (Gálatas 6:9)

Creo que es extremadamente importante que le prestemos menos atención al tiempo de nuestros relojes y más atención al tiempo de Dios. Eso no quiere decir que de ahora en adelante vamos a llegar tarde a nuestros trabajos y que no nos importará el utilizar nuestro tiempo adecuada y efectivamente. La Biblia nos dice que aprovechemos bien el tiempo (Efesios 5:16). Lo que quiero enfatizar es que tenemos que enfocarnos en Dios y reconocer desde lo más profundo de nuestros corazones que Dios es un Dios bueno y justo. Nuestro tiempo en este mundo es limitado; tenemos que crear el hábito de darle a Dios cada segundo de nuestras vidas.

Hoy día muchos jóvenes y aún los no tan jóvenes, se pasan enormes cantidades de tiempo en las redes sociales; ya no leen libros de calidad histórica, social o de algún desarrollo o conocimiento de cosas útiles; se pasan las horas buscando videos que les traigan entretenimiento, siendo el enfoque, el ser constantemente entretenidos. En ese proceso y ya desde muy jóvenes, se crea una cultura de gente que pierde el tiempo sin ningún tipo de convicción. Lamentablemente, vivimos en un mundo en donde la gente lo quiere todo aquí y ¡ahora!; no hay un sentido de preparación y necesidad de espera.

Parece ser que ahora a muchas personas no les interesa la comunicación verbal en un círculo social; hoy día nuestra socialización se limita a los intercambios en las redes sociales, los textos, etc. Muchos ponen sus vidas en Facebook; desde que se levantan hasta que se acuestan, sienten la obligación de dejarle saber al mundo todo lo que les pasa durante el día.

Creo que la tecnología es una bendición, tenemos acceso a más información de forma inmediata, lamentablemente lo que he visto es que se está perdiendo mucho tiempo en cosas sin sentido y aún peor, la calidad de nuestro tiempo con Dios y la familia está siendo gravemente afectado.

Si el tiempo se está yendo en lo que queremos, si el tiempo se está yendo en otras cosas o personas y la calidad de tu tiempo no se le está dando a Dios, como muchos… estás perdiendo el tiempo; quizás estás invirtiendo en cosas terrenales y temporales; pero nada para la expansión del reino de Dios.

Si estás sufriendo una injusticia, una traición, la pérdida de un ser querido, una inesperada enfermedad, etc., si estás esperando por ese ascenso en el trabajo; que las cosas mejoren en la casa con tu esposa, tu esposo y tus hijos, agárrate de la bandera del amor y confía en que hay un tiempo perfecto de Dios. Dios no llega temprano cuando aún no estás preparado; ni llega tarde; Él llega en el momento preciso y perfecto.

CAPÍTULO 2

SEGUNDO VIAJE A MÉRIDA

En Diciembre del año 2004 el pastor Bosque se preparaba para dar otro viaje a Mérida. Una vez más me invitó a que lo acompañara. Esta vez no hubo titubeos de mi parte; esta vez yo tenía muchos deseos de ir para ver a mis queridos hermanos; especialmente a mis hermanos de "La Hermosa."

Debido a la depresión de la que sufrí en mi primer viaje a Mérida, mi esposa Ileana, no quería que yo fuera. Ella vio mis lágrimas y mi cambio de actitud y tenía miedo de que me pasara lo mismo otra vez. Le dije que esta vez estaba más preparado. Creo que ese es un problema que tenemos; nos lanzamos a ministerios sin preparación; especialmente, preparación espiritual. La guerra satánica es real y una cosa yo sí sé, a Satanás no le agrada que yo visite a Mérida.

Antes de salir a este viaje, mi esposa Ileana había mostrado preocupación con respecto a su salud. Ella ya había tenido una serie de operaciones y retos muy grandes. Recuerdo en uno de los servicios en La Casa del Padre. El Pastor José Bosque tenía un predicador invitado de África. Mientras él predicaba paró de repente y dijo, "Alguien aquí tiene preocupación porque cree tener cáncer." Me crie en una Iglesia en donde se manifestaban los dones del Espíritu por lo que no me pareció extraño lo que el ministro africano decía. Lo que me extraño fue el ver que Ileana fue la única que levantó la mano.

El ministro africano oró por mi esposa; no recuerdo su oración. Unos días anteriores Ileana me preguntó si llegaríamos a viejos juntos. Le dije, "seguro que sí." Mas Ileana sabía algo; ella presentía algo más.

Pito Tengo Cáncer

Al fin llegó el día de partir para mi segundo viaje a Mérida; y antes de partir, Ileana me dijo que se haría unos exámenes físicos para ver si tenía cáncer o no. La fecha del examen, así como su resultado, sucedería cuando yo ya estaba en Mérida.

Estando yo con el pastor Bosque en un hotel en Mérida; me acordé del examen y llamé a Ileana. Le pregunté ¿Cómo salió todo?, Con voz entrecortada me dijo, "Pito, tengo cáncer." Esa llamada tomó lugar justo a unas horas de que el Pastor Bosque saliese a ministrar la Palabra. En el teléfono con mi esposa; aunque los dos estábamos sorprendidos de semejante diagnóstico; nos sentíamos positivos de que, a través de la oración, el ayuno y algunos cambios de dieta, Ileana podría sanarse de esta enfermedad. Nuestra confianza en Dios no pudo ser cuestionada en ese momento; por lo menos, no todavía. Después de unas palabras, unas lágrimas y una oración, me despedí de mi esposa.

De regreso al hotel le compartí al hermano Bosque lo que ahora sabía de Ileana. José estuvo ahí en ese cuarto dándome fuerzas e inyectando fe a mi espíritu. Cuando salimos a ministrar José compartió con la congregación las noticias que yo había recibido. Ese pueblo oró y gimió por mi esposa. Yo estaba convencido de que Dios sanaría a Ileana. La fe que yo tenía, estoy seguro, era más grande que una semilla de mostaza.

Al fin llegó la hora de ministrar en Yokdzonot; una vez más ministré al aire libre. Era de noche y no había mucho alumbrado; no recuerdo lo que predicaba esta vez. De repente se fue la luz y todo quedó completamente obscuro. Más este pueblo no se movió; alguien trajo una lámpara para que yo siguiera leyendo la biblia y pudiera seguir predicando. Todos los insectos, grandes y pequeños, eran atraídos por la luz; creo que eran todos cristianos porque se paseaban por las páginas de mi Biblia. Yo los sentía en mi rostro, en mis espaldas y aún en mis partes más privadas. Pero, ¿cómo podía yo detener mi mensaje ante un pueblo tan hambriento? Es en momentos como ese que Yokdzonot y "La Hermosa" me bendicen a mí.

Este segundo viaje a Mérida no se compara con la gloria del primero. Este sería el último viaje a Mérida junto con el Pastor Bosque. El tomaría un rumbo y yo tomaría el otro. Ya no hubo tanto apoyo en Mérida por su mensaje. Mas el amor de mis hermanos de "La Hermosa" fue seguro para mí, eso no había cambiado en nada; al contrario, el amor se sentía aún mucho más fuerte.

Viendo el Final de Cosas Importantes Para Mí

Antes de este segundo viaje a Mérida vi el fin de mi participación en "Jacksonville Youth Sanctuary." Esto era una agencia dedicada a servirle a adolecentes sin familia. Fue iniciado por un pastor; más los cambios de liderazgo empujaban a JYS a un sistema secular y lo alejaba de la esencia de lo que es un ministerio. Luego de ochos años y ocho meses exactamente, renuncié a dicho trabajo en donde me destaqué como Director de Programa.

Eso sería en mayo del 2000. Fue entonces que entré al ministerio a tiempo completo con el Pastor Bosque. Mi posición era de Asistente de Ministro; posición en la cual no duré mucho. La Casa del Padre estaba viendo el principio del fin; un final que se acercaba rápidamente.

El Pastor sintió un llamado a lanzarse como apóstol y responder a dicho llamado. En su lugar dejaría a su hermano Marcos Bosque como pastor. Continué sirviendo como anciano de la Iglesia por un tiempo. Los problemas en la Iglesia se continuaban manifestando. Las divisiones entre Marcos y su hermano Bosque eran obvias. Mario y Carlos, otros dos hermanos, apoyaron a Marcos; quien era el hermano menor. Establecí bien claro que si la Iglesia se dividía me iría de la misma. Y así fue. La casa del Padre desapareció como ministerio. Mas ni el final de JYS, ni el final de La Casa del Padre se compararía en lo más mínimo al final que iba pronto a tener que confrontar.

Confrontando el Cáncer

Llegando de Mérida permanecí con mucha fe; estaba convencido que este cáncer iba a ser sanado. Ileana continuaba trabajando de enfermera y yo de instructor de Artes Marciales. Además, tenía un ministerio de cárceles el cual disfrutaba muchísimo. Oramos, le creímos a Dios, pero el cáncer seguía haciendo de las suyas en el cuerpo de Ileana.

Llamado a pastorear en Carolina del Norte

En el verano del 2015, el hombre que me ganó para Cristo; Doug Berenguer; me habló de la oportunidad de pastorear una Iglesia en el estado de Carolina del Norte. Desde que recibí la llamada la recibí con entusiasmo. Mas Ileana me dijo, "¡Estás loco!." Y ¿cómo culparla? Ella estaba confrontando un cáncer muy agresivo en esos momentos.

Ileana estaba sintiendo más y más dolor y ya no podía trabajar. Un día estaba en el hospital con ella y el Pastor Bosque vino a visitarnos. Yo le había comentado al Pastor Bosque de la posibilidad de irme a Carolina del Norte a pastorear esta Iglesia; él tampoco aprobó dicho llamado, más Ileana no sabía sobre la posición de Bosque en el asunto. Cuando Ileana me dijo que yo estaba loco, ya no presenté más el punto. En la conversación en el cuarto del hospital José Bosque dijo que el hecho de que Ileana estaba confrontando esta enfermedad era confirmación de que este llamado a Carolina del Norte no era de Dios.

El Pastor Bosque oró por Ileana y luego se marchó. Para mi sorpresa; tan pronto como el Pastor Bosque caminó fuera del cuarto; Ileana me dijo: "Es de Dios que respondas a este llamado pastoral." Yo contesté, "¿Cómo?, ¿Qué te cambió de idea?" Ella me dijo que, el hecho de que el Pastor Bosque estuviese en contra de que yo respondiera a dicho llamado, era suficiente confirmación de que este viaje era de Dios.

Al otro día llamé al pastor Wallace Phillips en Ahoskie, Carolina del Norte. Le dejé saber que quería aplicar para la posición. Esto era una posición para pastorear una pequeña Iglesia hispana de algunas 30 personas. El Pastor Wallace pagó por los pasajes de mi esposa y el mío para ir a predicar el fin de semana del 4 de Julio del 2005. Parte del proceso de entrevista era predicarle a la iglesia; más la Iglesia ya tenía al pastor que ellos habían escogido. El pastor Wallace insistió por uno más.

Llegué a Carolina del Norte con Ileana; nos buscaron en el aeropuerto de Norfolk, Virginia. Nos llevaron al Ahoskie Hotel ese viernes. El sábado el Pastor Wallace nos recogió temprano y fuimos a muchas actividades de los hermanos; todas envolvían comida. ¡Eso me gustó!

Lamentablemente, Ileana tuvo mucho dolor la noche del viernes y aún el sábado; no obstante Ileana era una mujer fuerte que proyectaba mucho amor y gran sentido del humor. Al fin llegó el domingo y el hermano David Metz, quien era uno de los ancianos en la Iglesia del Pastor Wallace, "The Carpenter's Shop" (El Taller del Carpintero) fue el encargado de recogerme en el hotel a mí y a mi esposa. Me imagino que una de sus responsabilidades era reportarle al pastor Wallace sobre como estuvo el servicio. El Pastor Wallace estaba predicando en su propia Iglesia en Ahoskie, Carolina del Norte

La Iglesia a la cual fui invitado a ser considerado para pastorear quedaba en Winton, Carolina de Norte. Era un edificio blanco muy bonito, en medio de cuatro acres de terreno. Los hermanos me recibieron con mucho entusiasmo. Prediqué sobre la mujer Samaritana en Juan capítulo cuatro, un mensaje titulado; "Un Encuentro con Jesucristo: La Fórmula que Nunca Falla." El mensaje fue de gran bendición; casi toda la Iglesia respondió al llamado al altar. Fue un mover de Dios poderoso; Ileana lloraba viendo todo lo que pasaba.

Hasta este momento el Pastor Wallace no sabía que Ileana tenía cáncer; y fue cuando nos sentamos con él y se lo explicamos. Nos regresamos a Jacksonville y esperaríamos dos o tres días para que la Iglesia decidiera a quien querían como pastor. David Metz me llamó unos días después; los hermanos y hermanas estaban con él cuando hizo la llamada. Los hermanos me escogieron a mí con una votación de 100%. Lloré de la alegría por teléfono mientras los hermanos me decían, "ven pastor, ven." Sin dudas que ese fue uno de los días más especiales de mi vida.

Ileana Muere

Por algunas semanas viajaba a Carolina del Norte desde Jacksonville, Florida los fines de semana para predicar. Eran como 965 kilómetros de distancia; pero yo lo hacía con gozo. Esos fueron días gloriosos; disfrutaba tanto el pastorear; el enseñar, el predicar la Palabra; ministrar; en fin. Finalmente, nos mudamos a Carolina del Norte. Allá nos proveyeron con una casa todo pagado y $150.00 dólares a la semana.

Ileana perdió el pelo por completo como resultado de las quimioterapias. De todas formas, era hermosa y la Iglesia la quería mucho. Su condición deterioró más y más. En diciembre 29 del 2005; un año después de mi segundo viaje a Mérida, Ileana se fue con el Señor y con ella parte de mí también murió. Mi hijo mayor tenía apenas 11 años; mi segundo hijo 10 años y mi princesita 7 años. Este fue el principio de un valle de mucho dolor, de mucho sufrimiento y de mucho pecado.

¡Qué Dolor Tan Grande!

Las noches eran tenebrosas; era cuando la máscara del hombre de Dios no estaba ni en mi cara ni en mi corazón para cubrir mis verdaderas emociones. El dolor y el sufrimiento eran intolerables. Le pedí a Dios que me quitara ese dolor por la muerte de Ileana, pero el dolor continuaba y se empeoraba.

Un día me dije a mi mismo que no iba a sufrir más. Compré licor para tomármelo todo en la noche. Esa noche no iba a sufrir. Me tomé casi la mitad del contenido de aquella botella y fue como tomar agua. Dios no permitió que me emborrachara. Lloré y lloré delante de Dios.

CAPÍTULO 3

TERCER VIAJE A MÉRIDA

Hasta este momento el Pastor Andrés y yo mantuvimos una buena comunicación dentro de las circunstancias. Para aquel tiempo no existía Facebook y era muy difícil el comunicarse a través de teléfonos. Usábamos entonces los correos electrónicos para mantener contacto. Sentí el compromiso de ayudar al Pastor Andrés financieramente; él nunca me lo pidió, ni nunca ha mostrado un interés monetario hacia mi persona; todo fue mi iniciativa. Nuestro amor el uno por el otro ha sido sincero a través de los años.

Durante ese tiempo estaba yo activamente pastoreando la iglesia El Taller del Carpintero en Carolina del Norte y quise utilizar parte de los fondos de la Iglesia, como parte de nuestras ofrendas como Iglesia, para ayudar en la construcción del templo "La Hermosa." Entonces el Pastor Andrés Briceño Ruiz; me invitó a que fuera parte de la celebración de siete bodas que iban a tomar lugar en "La Hermosa." Se supone que hiciera ese viaje con el hermano Ted Lemmon; quien era el dueño de la casa en donde yo vivía en Carolina del Norte y con quién había establecido una linda amistad; sin embargo, lamentablemente, a Ted se le olvidó traer su pasaporte al aeropuerto en Norfolk, Virginia. Terminé entonces, haciendo el viaje solo. Este viaje fue durante el verano del 2006 pero no recuerdo el mes específicamente. Sé que fue un viaje corto; llegué un viernes y me regresé a Carolina del Norte un lunes.

Prediqué y canté una o dos veces. Aunque llegué con una ofrenda para la construcción del edificio; espiritualmente no había unción en mi vida. Ya yo estaba frío en las cosas de Dios. Estaba sufriendo mucho por la muerte de Ileana y a su vez estaba envuelto en una relación romántica que luego me costaría casi la vida misma; yo no estaba bien. Más siempre fue muy especial el ver al Pastor Andrés Briceño Ruiz y a mis hermanos de la Hermosa.

Lo Agotador de Estos Tres Viajes

Algo en común han tenido estos tres viajes; en todos y cada uno de ellos me sentí muy cansado en cuestión de dos o tres días. Al regresar a Jacksonville después del primer viaje sufriría una depresión que me duraría alrededor de un mes. Al regresar del segundo viaje también me sentiría cansado; pero no sentí que hubo un impacto espiritual de nuestra parte. Al regresar de este tercer viaje; como he mencionado, no sentí ningún tipo de impacto espiritual; mi contribución fue estrictamente financiera. Más al regresar de este viaje, sufrí con diarreas por un mes.

Fuera del Ministerio y Viviendo un Infierno

Después de la muerte de Ileana continuaría alrededor dos años más pastoreando la Iglesia; predicando en la prisión y aceptando invitaciones para predicar en otras Iglesias; pero ya era cuestión de tiempo. Mi pasión por el ministerio estaba muerta; ya no lo disfrutaba; no lo quería hacer. Antes de predicar le pedía a Dios que me diera fuerzas para predicar y él me daba las fuerzas; pero tan pronto como terminaba, la depresión continuaba ahorcándome cada vez más en el pecado.

Me regresé a Jacksonville, Florida en noviembre del 2007. Casi dos años desde la muerte de Ileana y dos años y medio desde que acepté mi llamado a ser pastor. Las Asambleas de Dios, ministerio a través del cual fui ordenado como pastor, ofrecieron transferir mis credenciales; pero rehusé. Le puse fin a mi vida como pastor y ministro y casi le pongo fin a mi propia vida como cristiano.

En diciembre del 2007 me casé nuevamente; posiblemente el error más grande de mi vida, el cual me costaría mucho dolor, mucho sufrimiento y consecuencias devastadoras. Todavía herido por la muerte de Ileana, quien había muerto solo dos años previo a mi nuevo matrimonio, buscaba, como un medicamento para el dolor, otro matrimonio que me ayudara a arrancar de mí, dicho dolor. Mi plan no funcionó. Creía que iba a salir del valle del sufrimiento al dejar a Carolina del Norte y regresar a la Florida, sin saber que entraría aún más profundamente en dicho valle. A veces creemos que huyendo de las situaciones difíciles nos saldrán mejores las cosas, pero no es así. Me fui de Carolina del Norte en desobediencia a Dios y tal desobediencia tiene precio. Hice del matrimonio un ídolo; en ese acto le di la espalda a Dios.

En este segundo matrimonio lo poquito de espiritualidad que había en mí murió. Discusiones, argumentos, problemas y más problemas. Una vez más traté de recurrir al alcohol, y nuevamente Dios no permitió que me emborrachara. Estos fueron tres años horrendos en donde durante una noche muy obscura en Jacksonville, Florida decidí que el suicidarme era lo mejor para mí y para mis hijos. Hasta ese punto solo vivía por ellos; mas esa noche satanás me convenció de que lo mejor era ya desaparecerme de este mundo. Mi mente entretenía el pensamiento cada vez más; y de repente el Espíritu Santo me dijo, "Ángel, I am not done with you." (Ángel todavía no he terminado contigo) Esas palabras salvaron mi vida.

Angel Casiano

8 de agosto de 2009

Desde que me casé por segunda vez el día 27 de diciembre de 2007 hasta el 8 de agosto de 2009 me alejé de todos mis seres queridos; menos de mis padres. Durante este tiempo una de las personas de las cuales también me alejé fue de mi hermano Andrés Briceño. "La Hermosa" no escucharía de Ángel Casiano por varios años.

Ya separado de mi segunda esposa y confrontando problemas muy serios con mis hijos; no podía más y comencé a llamar a algunos hermanos para confesarles y hablarles de mis batallas, de mis fracasos y de mis pecados. Uno de los hermanos al cual llamé fue a José Bosque, y lo visité el 8 de agosto de 2009. Siempre me acuerdo de esa fecha porque fue importante en mi vida.

José me recomendó que me enfocara en mis hijos y que les ministrara a ellos. Por un año eso fue exactamente lo que hice; tres y cuatro veces por semana. Mi esposa y yo tratamos terapias matrimoniales, pero ninguna funcionó. Mi matrimonio estaba muerto sin esperanza de resucitación. Poco más de un año después; ella me pediría el divorcio.

Ahora vivía con el dolor de haber perdido a Ileana y con la mancha del divorcio. Todos los días eran de depresión; pero a Dios le doy las gracias por ayudarme durante este tiempo.

La Tercera Bandera: La Bandera de la Perseverancia

"…Si no nos cansamos…" (Gálatas 6:9)

Mi madre Norma me dijo un día, hijo has sufrido mucho. Isaías 53:3 nos dice del Señor Jesucristo, "Fue despreciado y desechado de los hombres, varón de dolores y experimentado en aflicción; y como uno de quien los hombres esconden el rostro, fue despreciado, y no le estimamos." (La Biblia de las Américas)

El sufrimiento me visitó joven; comenzaría verdaderamente cuando me enamoré de Ileana a los 15 años. A los 16 éramos novios; mas sus padres la separaron de mí. Para ese tiempo yo vivía en Puerto Rico. Sus padres se la llevaron para Jacksonville, Florida. Tenerla a la distancia fue muy triste. Nos casaríamos jóvenes; a penas yo era un joven de 19 años y ella una joven de 20. Estuvimos casados 18 años y ahora la había perdido.

Afligido, frustrado, desconectado y deprimido eran palabras que me describían muy bien. La bandera de la perseverancia parecía destruirse delante de mí. ¿Dónde encontrar fuerzas? La Biblia nos da mucha evidencia que nos ayuda a determinar quiénes son los verdaderos cristianos, una de ellas es que el cristiano persevera hasta el fin (Mateo 24:13). Un verdadero cristiano tiene en sus adentros todo lo necesario para levantar en alto esta importante bandera.

Otro hombre al cual le hablé durante este tiempo difícil fue al hermano Charlie Couret. Charlie jugó un papel muy importante en mi vida. Él escribió una canción exclusivamente para que yo la cantara en su iglesia en un programa de navidad. Fue una ministración poderosa. De ahí decidí ser parte de su Iglesia; Ángelo (Mi hijo mayor) y yo formamos parte del Grupo de Alabanza. En ese grupo Dios me devolvió el deseo de cantarle nuevamente. En ese grupo, alabando y adorando a Dios; sintiendo su presencia; ahí encontré fuerzas.

El camino del cristiano es doloroso; la Biblia es clara en decirnos que en esta vida vamos a sufrir (Juan 16:33). El Apóstol Pablo habla de pelear la buena batalla (2 Timoteo 4:7); esto no es un pequeño juego; estamos llamados a negarnos a nosotros mismos y a cargar una cruz (Mateo 16:24). La promesa de la cual no se habla mucho es que mientras más en serio tomas la vida cristiana; es decir, el andar en santidad, es más seguro que experimentarás persecución (2 Timoteo 3:12).

El cansarse en este camino cristiano viene con el territorio, es por eso que Cristo nos dice, "Venid a mi todos los que estáis cansados y cargados, y yo os haré descansar." Mateo 11:28 (La Biblia de las

Américas). Muchas veces no sabemos cómo orar, como interceder por nosotros mismos y salir a flote. Yo estaba muy cansado y con muy pocas ganas de perseverar; más sé que tan pronto como abrí mi corazón a Doug Berenguer, Charlie Couret, José Bosque y otros, encontré las fuerzas para perseverar.

Esta bandera, por razones que no puedo explicar con exactitud, sigue muy alta en mi corazón y, aunque está un tanto maltratada; Jesús no me ha fallado. Yo le he fallado a Él, le he volteado mi espalda, me he enojado con Él y he abrazado estilos de vida pecaminosos y; aunque Dios sí me ha disciplinado y azotado; Él no me ha abandonado. El 26 de abril de 1997 yo le entregué mi vida a Cristo; de eso estoy seguro; la fuerza de la perseverancia es la evidencia de que Dios está conmigo; la evidencia de que aún en mi imperfección, a Él le pertenezco y Él nunca me va a abandonar (Deuteronomio 31:6).

Quizás muchos me juzguen por mis pecados, mis fallas o por ser un hombre divorciado. Yo quisiera poder tener la habilidad de regresar el tiempo y cambiar esas cosas vergonzosas; pero no puedo hacerlo; son parte de mi historia. Una historia en la cual yo no soy exaltado para nada; no obstante es una historia en donde se ve la misericordia de Dios; la misericordia que tocó la trompeta que le ordenó a la vida no darme el castigo que verdaderamente me merezco. No hay razón para tomar la gloria de mi Dios; a Él sea toda la gloria por siempre.

Rayette

Rayette es mi esposa hoy día; Rayette ha sido mi esposa por los últimos seis años. Ella trajo tres niñas al matrimonio y yo traje dos jóvenes y una niña también. Nos casamos cuando ambos teníamos 43 años. A través de la magia de Facebook, la doctora del pueblito de Gates County, del cual yo formaba parte en mis tiempos de pastor en Carolina de Norte, se reconectó conmigo.

Rayette era también mi doctora; fue una mujer que evité en esos tiempos; pero no puedo negar que me atraía. Fue mejor así; yo no estaba preparado para ella. Rayette se preparaba para irse de Carolina del Norte y yo vivía en Jacksonville, Florida con mis hijos. Yo no sé muchas cosas, pero de una cosa si estoy seguro, yo no fui creado para estar solo.

Un día fui a Carolina del Norte, a su trabajo específicamente, y le supliqué a Rayette que no se fuera. Ella lloró y se sonrió al mismo tiempo; fue algo precioso; pero lo más precioso fue que decidió no irse. Terminé mudándome a Carolina del Norte nuevamente y Dios restauró mi ministerio. Nos casamos el día 18 de noviembre del 2011. En agosto del año 2013 nos mudamos a Alaska, ahí hemos crecido juntos y hemos visto como la mano de Dios bendice nuestro matrimonio. Rayette es la materialización de la misericordia y el amor de Dios en mi vida.

Batallas en Alaska

Alaska ha sido frío en todos los sentidos, incluyendo el sentido espiritual. He tenido batallas y problemas en las Iglesias; hasta el punto de ser despedido de una de ellas. Todas mis experiencias pasadas me mostraron algo muy claro; que no estaba preparado para tanto dolor y que mi fe fue débil. Mi carácter fue defectuoso aún en asuntos básicos. Yo había nacido de nuevo en Cristo; pero mi entrenamiento como discípulo de Dios no fue el mejor. Entonces nació en mí un deseo de aprender sobre la santidad de Dios y un celo por la Palabra de Dios.

En Alaska, Dios me bendijo grandemente; me permitió completar mi primer libro, "Hope for the Divorce: Forgiven and Moving Forward" (Esperanza para el Divorciado: Perdonado y Avanzando Hacia Adelante). Este libro trata el tema del divorcio y la esperanza que aún los divorciados podemos encontrar. En Alaska Dios también me ha dado la gracia de comenzar otros libros que espero pueda terminar a su tiempo.

Angel Casiano

El 31 de Julio de 2016 comencé mi propio ministerio en la sala de mi casa; completamente enfocado en mi familia. No sé lo que Dios va a hacer con este ministerio; pero eso no me preocupa; estoy llamado a ser fiel en la ministración a mi familia y ya luego Dios me dirá que hacer.

CAPÍTULO 4

MI CUARTA VISITA A MÉRIDA

Oración:

"Padre Santo gracias por proveerme una nueva oportunidad de visitar a mis hermanos en Mérida; en especial a mi hermano Andrés Briceño Ruiz, su preciosa familia y la Iglesia "La Hermosa." Ayúdame mi Dios; lléname de tu unción; es tú unción la que rompe el yugo. Protégeme del agua o de cualquier enfermedad. Acuérdate de mi familia; transfórmalos; ayúdame a entrenarlos para que estén equipados para ser utilizados por ti poderosamente. Dame las energías para poder ministrar con pasión; aparta el cansancio de mí. Te pido por almas para Cristo, te pido restauración para mis hermanos cristianos que están heridos y que me uses para ser de bendición para los líderes del área." En el nombre de Jesús… Amen.

8 de diciembre de 2016

Son las 2:24 de la madrugada cuando comienzo a escribir estas palabras en una noche fría en Fairbanks Alaska. Aquí en la cocina de mi casa ya todos se fueron a dormir. Me preparo para comenzar el largo camino hacia Yucatán, México. Hace más de 5 años desde que visité esa tierra. Este será mi cuarto viaje a dicha península.

Angel Casiano

Exactamente a las 5:50 PM, el avión parte de Fairbanks a Seattle. A las 10:30 PM (Hora de Seattle) llegué a Seattle. El vuelo llegó justo a tiempo. Pasaré la noche aquí en el aeropuerto. Mi próximo vuelo sale mañana a las 7:05 de la mañana y se dirigirá a la ciudad de Los Ángeles, California. Mientras paso el tiempo aquí me doy cuenta de que he visitado Mérida desde todos los lugares en donde he vivido desde que dejé a mi isla Puerto Rico. Cuando vivía en Jacksonville, Florida visité a Yucatán dos veces con el pastor Bosque. Cuando viví en Carolina del Norte fui solo y por solo un fin de semana y ahora desde Alaska, donde actualmente vivo, me preparo para pasar dos gloriosas semanas en dichas tierras. Las primeras dos veces fui con el Pastor Bosque; las últimas dos he ido solo.

9 de diciembre de 2016

Las 6:47 de la mañana del viernes 9 de diciembre; creo que en los últimos dos días no he podido dormir ni tres buenas horas. Casi no dormí nada anoche; con el ruido en el aeropuerto y la preocupación de que alguien me robaría mis cosas mientras dormía, terminé durmiendo casi nada. El vuelo de Seattle a Los Ángeles tomó lugar sin problemas; salimos hoy a las 7:05 AM como estaba ya programado; sin embargo en Los Ángeles comenzarían los problemas. Muchos problemas de vuelos, confusión y en fin. Se supone que llegaría a la Ciudad de Mérida anoche, como a eso de las 11:30 PM de hoy, más perdí ese vuelo entre la confusión de "Virgin America y "Aeroméxico." En lugar de salir de Los Ángeles, California a Mérida, esta noche llegaré a la Ciudad de México.

Llegué al aeropuerto de la ciudad de México extremadamente cansado. Son ya casi las doce de la media noche. Tengo hambre y sed de justicia, pero también hambre y sed de una buena comida mejicana y algún jugo frío para tomar. También hacen más de 24 horas que no me doy un buen duchazo. Gracias a Dios que en el aeropuerto de la Ciudad de México hay buenos restaurantes y un hotel de primera clase. Comí bien, me tomé un juguito fresco y agua fría. Llegué al hotel y me di un buen baño. Caí en esa cama como si hubiera recibido un golpe en la mandíbula de parte de Julio Cesar Chávez. Mas solo podía dormir, a lo más tres horas, ya que el vuelo saldría a las a las 6:05 de la mañana para finalmente llegar a Mérida.

10 de diciembre de 2016

Esta mañana se suponía que saliera a Mérida a las 6:05 AM; mas perdí ese vuelo. El llegar media hora más temprano no fue suficiente. Tuve entonces que comprar otro boleto de avión para poder salir a Mérida en el próximo vuelo de Aeroméxico. Creo que este último problema fue mi culpa; comí tarde y ya para cuando terminé de bañarme eran casi las tres de la mañana. Dos horas después sonó la alarma y me moví lentamente. Pero bueno; llegaré a Mérida tarde o temprano; llevo dos días viajando para Mérida, mas sé que al final, valdrá la pena. Si Dios me utiliza como un vaso de barro para ganar aunque sea un alma para Cristo, este viaje valdrá la pena.

Finalmente, luego de dos días de muchos problemas, llegué a Mérida. El Pastor Andrés Briceño Ruiz, su hijo Andy, Eric y su esposa Miriam, de los cuales hablaré un poco más adelante, fueron a recogerme al aeropuerto de Mérida. Sentí el abrazo fuerte de personas que son como familia. Rápidamente agarraron mi equipaje y lo pusieron en el carro; la hospitalidad del mexicano es sin igual.

Andy manejaba y me sentaron en el asiento de enfrente. Tuvimos algunas conversaciones de camino a Yokdzonot. Con quien hablé más fue con Andy. Este joven tiene una convicción de la Palabra, una fe y un carácter que va más allá de los 22 años que tiene. Andy se gradúa en seis meses de la escuela de leyes; en seis meses este joven será abogado. ¡Gloria a Dios!

Llovía muy fuertemente y noté muchos jóvenes corriendo y carros con imágenes de una Virgen. Andy me dijo que celebraban a la Virgen

Angel Casiano

de Guadalupe y que estos jóvenes se someten a sacrificios físicos en honor a ella, caminando largas distancias, algunos sin zapatos, otros en bicicletas y en fin. Ellos piensan que de esa forma se ganarán el cielo.

Entrando al pueblo de Yokdzonot vi banderas que decían, "Bienvenido Pastor Ángel Casiano." ¡Qué bonito gesto! Aquí me han dado una pequeña casita de concreto en donde quedarme. Es una casita de cuatro paredes sin divisiones, un cuarto de concreto separado de cualquier otra construcción. Tiene dos ventanitas de madera en cada esquina al frente y una puerta en el centro. También tiene una puerta atrás que da acceso al baño, el cual también está separado de la casita. Dentro de la casita hay una camita y una hamaca. Andy me trajo una mesa para escribir y hacer mis estudios y un ventilador.

Luego, en la noche, celebraremos los 25 años de casados del pastor Briceño y su esposa Brenda. Será como a eso de las 6:00 PM. Así comenzará mi tiempo de ministración aquí.

Que pueblo tan cariñoso; me recibieron con abrazos y buena comida. Mientras comía un pescado frito con habichuelas, tortas y otros, los hermanos me dijeron que mirara a un venado. Un hermanito dijo que mataría un venado para la fiesta del pastor y su esposa. El pasaba contento en bicicleta con el venado en la parte de atrás de la misma.

Poco después me retiré al cuarto en donde pasaría las próximas dos semanas. A pesar del ventilador, está súper caliente para mí; después de tres años en Alaska, cualquier temperatura que vaya más allá de los 16 grados Celsius es oficialmente verano para mí. Mas tengo el presentimiento de que en este cuarto Dios me va a ayudar a escribir muchas palabras para este libro. Voy a tratar de dormir un poco más; se supone que esta noche cante y testifique un poco. ¡Esta noche será de fiesta!

Oración:

"Gracias Padre que a pesar de todos los problemas con los vuelos, los retrasos he inconveniencias; me has traído a Mérida, específicamente a Yokdzonot y a la Iglesia "La Hermosa." Padre, te necesito, estoy físicamente muy cansado, tengo mucho calor y este problema de la diabetes afecta como me siento. Padre, sabes que no me gustan las serpientes y una de las puertas de este cuarto tiene una abertura en la parte de abajo y en donde cabe una serpiente bastante gruesa. Sé que soy un hombre de Dios; pero el nada más pensar en esas serpientes me atemoriza. Úsame Señor, Santo Espíritu manifiéstate fuerte en mi vida como nunca antes; no para mi gloria; pero para la tuya y por amor a tu pueblo. Como venir de tan lejos a hacer nada; a fracasar y a no hacer algo extraordinario. Te amo Dios; enséñame a través de este pueblo las cosas que yo también tengo que aprender. En el nombre poderoso de Jesús."

Domingo 11 de diciembre de 2016

Muy preciosa la celebración del aniversario de bodas del Pastor Andrés y su esposa Brenda. Anoche el Apóstol Gabriel Pérez Girón, quien Dios ha puesto como apóstol del ministerio de "La Hermosa" y como pastor del Pastor Andrés, dirigió el servicio de forma muy bonita. El mensaje nos mostró los profundos simbolismos de lo que significa el matrimonio, lo que representa la esposa y lo que representa el esposo.

Muchos familiares, amigos y pastores vinieron a compartir esa celebración tan significativa; 25 años de matrimonio. La celebración comenzó alrededor de las 6:30 PM y se extendió a largo de la noche. Tuve la oportunidad de felicitar públicamente al pastor y a su esposa. Ellos querían que yo testificara un poco; personalmente no quería robarle mucho tiempo al apóstol quien traía el mensaje de la noche. Mas sí le testifiqué de mis batallas en Alaska y de la necesidad que tenemos de mantenernos en la Palabra; evitar y confrontar falsas doctrinas.

Durante la fiesta vi a este joven esbelto y bien parecido entrar con quien me imagino, era su esposa, una joven muy preciosa de aspecto caribeño. El joven era negro; me imaginé que era cubano. Para mi sorpresa me enteré que este caballero es Mejicano. Es la primera vez en mi vida que veo un mejicano negro. Hasta me tomé una foto con él y compartí unas carcajadas. Su nombre es Abraham; me enteré luego que su padre es cubano.

Primera Bendición Espiritual

Luego, durante la fiesta, dos pastores oraron por mí y declararon vida a mi vida. Profetizaron palabras de fuerza. Sentí su amor y la unción de Dios sobre sus vidas. Cuando vengo a este lugar sé que no vengo solo a dar; eso sería arrogante. Vengo también a recibir, porque estos hermanos y hermanas también tienen regalos de Dios para nosotros. La oración de estos pastores fue el primer regalo espiritual que recibí en este viaje.

Me retiré a mi pequeño cuarto como a eso de las nueve de la noche; más la fiesta seguía. Los muchachos del grupo de alabanza dirigidos por Andy siguieron tocando hasta después de las 10 de la noche. Aquí no hay problema con eso; al pueblo le gusta la música y las fiestas.

Después de una hora o dos escribiendo y estudiando la Biblia al fin me alcanzó el sueño; más a las 3:00 de la mañana estaba ya levantado. Todos mis hermanos y hermanas ya dormían a esa hora; pero insistí en volver a dormir. Tempranito en la madrugada se escuchaba el canto del gallo tal y como se escucha en las mañanas en Puerto Rico. Muchos pájaros cantando; era todo un concierto y por si acaso; hasta los perros decidieron añadir sus ladridos como melodías feas que interrumpían de forma natural el bello cantar de los pájaros. Por alguna razón extraña no me molestaba.

Ya a las 7:30 AM escuchaba las carcajadas de los hermanos y hermanas. Muchos de los familiares de la hermana Brenda se quedaron a pasar la noche. Creo que también algunas familias de otra Iglesia. Me levanté entonces, me preparé con unos pantalones cortos, una camiseta, unas chanclas y crucé la calle para pasar tiempo con mis hermanos.

7 Banderas de Esperanza

Desayuné con ellos y luego les pedí al pastor y a su hijo que nos fuéramos a caminar y a orar. A las 9:30 de la mañana le pedí a Andy que hiciéramos un ensayo para practicar las canciones para el servicio de esta noche a las 6:00 PM. La algarabía no parece enojar a los vecinos. Esto es una comunidad que ama a Dios y se aman los unos a los otros. Funcionan más como Iglesia que cualquier Iglesia promedio en los Estados Unidos. Un pueblo que parece tener muy poco; más al mismo tiempo tienen un concepto de Dios mucho más profundo que nosotros que lo tenemos todo en sobre abundancia, materialmente hablando.

Después del ensayo el Pastor Andrés me dijo que oráramos por una jovencita; su mamá estaba con ella. El Pastor Andrés, con ese amor tan especial que tiene por las almas, abrió en oración. Yo podía ver que Dios estaba tocando a esa joven adolescente. Como tantos adolescentes está siendo atacada en diversas áreas.

Después que el pastor oró por ella, me pidió que también orara y que ministrara a la joven como yo quisiera. Me puse de acuerdo con la oración del Pastor Andrés y luego le presenté el evangelio a la joven. Yo no soy un calvinista; creo que el amor y la doctrina de salvación de Dios van más allá que el calvinismo. Dicha doctrina establece que la salvación no es una decisión; sino que es Dios salvando a los escogidos. El calvinista ve que si fuera por cuestión de decisiones, entonces la salvación estaría en nuestras manos; lo que añadiría obras a la salvación. Añadirle algún tipo de obra a la salvación es una violación a la Escritura que nos dice que somos salvos estrictamente por la gracia de Dios (Efesios 2:8-9).

Le presenté a la niña los dos caminos; en uno el diablo y su agenda de destrucción, matanza y robo; al otro lado la vida en abundancia que encontramos en Cristo. El arminianismo nos enseña que el ser salvos es una decisión hecha por el hombre. En otras Palabras, al final de cuentas, la salvación del hombre está en sus propias manos. No puedo negar que el calvinismo y el arminianismo han afectado mi forma de evangelizar. Sé que Cristo salva; es el único que puede hacerlo; pero no lo sé todo en cuanto a la doctrina de la salvación; pero confieso las palabras del ciego que dijo; "una cosa sí sé; que habiendo yo sido ciego ahora veo." Juan 9:25 (RVR 1960)

Le pido a Dios que esa joven, a pesar de mi confusión en dicha doctrina de la salvación y los detalles de cómo la salvación ocurre, le haya verdaderamente entregado su corazón a Cristo. A veces también me pregunto; ¿Se podrá considerar obra o trabajo el simplemente aceptar el regalo por el cual ya Cristo pagó el precio? De todas formas; quiero orar por ella:

Oración:

"Padre, como no tengo el permiso de incluir el nombre de esta joven en este libro y por el hecho de que ella es una menor, quiero proteger su identidad. Más tú sabes de quien hablo. Padre, solo tú tienes el poder de salvar un alma. Te presentó esta joven en oración. Padre si ya la gracia proveíste para salvar a esta joven, si la inyectaste con fe para creer; entonces gracias. No la conozco lo suficiente como para ver los frutos; pero tú sí. Si en algo fallé; si no presenté el evangelio correctamente; te pido perdón y te pido que me enseñes. Te pido que, a pesar de mí, salves a esta joven. Sí Padre; sé que es tu voluntad. Quiero que cuando regrese, pueda ver que esta joven persevera en tus caminos. Oh Jehová, esta noche me preparo para ministrar tu Palabra. Ayúdame, úngeme te lo suplico. Límpiame con la sangre de Cristo y con todo lo que interrumpa la libre unción de tu presencia sobre mi vida. Confirma tu palabra con señales y prodigios. En el nombre de Jesús… Amén"

CAPÍTULO 5

COMIENZO A MINISTRAR EN ESTA, MI CUARTA VISITA A LA HERMOSA

Hoy, domingo 11 de diciembre de 2016 comencé oficialmente a ministrar como parte de mi propósito en este, mi cuarto viaje a La Hermosa. Hoy por primera vez canté la canción ¿Qué Quieres Tú de Mi?, la cual compuse en mi primer viaje a Mérida en una campaña con el Pastor Bosque. Andy, el hijo del pastor Andrés, sacó las notas y la cantamos. No prediqué hoy; sino que más bien, enseñé. El énfasis de la enseñanza de hoy es el hecho de que la Iglesia ya está bíblicamente definida.

Primera Enseñanza: El Qué, El Cómo y el Porqué

de la Iglesia

El 31 de octubre de 2017 se celebran 500 años desde la Reforma de Martín Lutero. Con sus 95 tesis, Lutero atacó el corazón de las creencias de la Iglesia Católica de ese tiempo. Una de las creencias más valoradas por la Iglesia Católica en aquel tiempo fueron las Indulgencias. Las indulgencias eran la creencia de que podías pagar dinero para que tus pecados fueran perdonados. No tan solo eso, también, después de muerto, dependiendo de la cantidad de dinero que pagaran tus familiares, podías, aunque sea, ganarte el Purgatorio (Un lugar no existente en la Biblia). Un lugar que, de acuerdo con la enseñanza católica, no es ni el infierno, ni el paraíso; pero en el cual podías estar un tiempo para prepararte para ir al paraíso.

Otro punto importantísimo de la Reforma es que Martín Lutero reconoció que el justo por la fe vivirá (Romanos 1:17). Martín Lutero también atacó la oficina del Papa; ya que el papa se consideraba una persona perfecta, incapaz de cometer errores. Habían perdido su rumbo y se entregaban a doctrinas de hombres, manipulaciones y falta de temor a Dios. Cuestionar a la Iglesia Católica en aquellos tiempos no era algo fácil. Si cruzabas la línea te podían catalogar de hereje y el precio por el delito de herejía era la muerte. Martín Lutero conocía cual era el riesgo de su protesta; pero aun así fue valiente y llevó a cabo la misma. Más de todos los puntos y, el legado más valioso de la reforma es el hecho de que honra el concepto de "Sola Scriptura," la enseñanza que reconoce a la Palabra de Dios como infalible. Esta enseñanza no va a la par con la Iglesia Católica que también incluye al Papa y tradiciones como infalibles. Creo que hoy día es un buen tiempo para hacer un inventario de donde estamos nosotros, la Iglesia Protestante, como Iglesia. ¿Habremos nosotros también perdido nuestro rumbo como Iglesia?

Es importante que nosotros sepamos que la verdad se encuentra en la Biblia. La verdad no está escondida del hombre y la mujer de Dios. Que Dios no nos ha dado un rompecabezas. Que Dios no ha ocultado la verdad de nosotros en lo que respecta a la Biblia. Para ser considerados discípulos verdaderos de Dios tenemos que mantenernos en su Palabra (Juan 8:31-32). Eso quiere decir que vivimos nuestras vidas no en base a opiniones, más en base a las enseñanzas de nuestro Señor Jesucristo. Eso es lo que te hace cristiano. Quiero que en este momento le echemos un vistazo a la Iglesia y que contestemos cuatro preguntas básicas: 1) ¿Quiénes forman parte de la Iglesia? Esta pregunta es importantísima, ya que los que no forman parte de la Iglesia se irán al infierno. ¡El infierno es real! 2) ¿Cuál es la función más importante de la Iglesia? Veremos que la Iglesia tiene solo una visión. 3) ¿Cómo se lleva a cabo esa visión? 4) ¿Cuál es el propósito central de dicha visión?

¿Quiénes son los Verdaderos Cristianos?

Los cristianos son discípulos, los discípulos son cristianos; más el término adecuado para describirnos es discípulo (Juan 8:31-32). El discípulo de Cristo es todo aquel que ha nacido de nuevo de acuerdo con Juan 3:3 y Romanos 10:9-10. Si no te has arrepentido de tus pecados, si no has creído en Jesús como único Salvador y único Señor, todavía no puedes ser considerado un verdadero cristiano.

¿Cuál es la función más importante de la Iglesia?

La función más importante de la Iglesia es La Gran Comisión de acuerdo con Mateo 28:16-20. Esa es nuestra encomienda. Estamos llamados a hacer discípulos a todas las naciones. La gran comisión es la visión de la Iglesia. Una Iglesia en donde la visión principal ignora la Gran Comisión está fuera de orden.

¿Cómo se lleva a cabo dicha visión?

De acuerdo con Mateo 28:16-20 estamos llamados a enseñarle al pueblo a como guardar todo lo que Jesús enseñó. El corazón de la Iglesia es enseñar la Palabra de Dios y como seguirla. Los apóstoles nos mostraron exactamente como hacer esto en Hechos 2:42, "Y perseveraban en la doctrina de los apóstoles, en la comunión unos con otros, en el partimiento del pan y en las oraciones." Reina-Valera 1960 (RVR1960)

De este verso podemos describir la forma en la cual la Iglesia está llamada a funcionar. 1) **Dedicados; consistentemente, en aprender las enseñanzas de los apóstoles:** ¿Qué enseñaban los apóstoles? Todo lo que aprendieron de nuestro Señor Jesucristo. 2) **Dedicados a la comunión real:** El estar en familia; comían y celebraban juntos. En este sentido, la Iglesia Latinoamericana está muy adelantada en comparación con la Iglesia de los Estados Unidos, ya que el hispano sabe confraternizar. 3) **Dedicados a la oración:** La oración es un elemento clave en la vida del cristiano. Si no tenemos vida de oración eso quiere decir que no tenemos una relación con Dios.

¿Por qué llevamos a cabo esta visión? ¿Cuál es el propósito de la Gran Comisión específicamente?

Y él mismo constituyó a unos, apóstoles; a otros, profetas; a otros, evangelistas; a otros, pastores y maestros,

12 a fin de perfeccionar a los santos para la obra del ministerio, para la edificación del cuerpo de Cristo,

13 hasta que todos lleguemos a la unidad de la fe y del conocimiento del Hijo de Dios, a un varón perfecto, a la medida de la estatura de la plenitud de Cristo;

14 para que ya no seamos niños fluctuantes, llevados por doquiera de todo viento de doctrina, por estratagema de hombres que para engañar emplean con astucia las artimañas del error,

15 sino que siguiendo la verdad en amor, crezcamos en todo en aquel que es la cabeza, esto es, Cristo, Efesios 4:11-15 (RVR 1960)

8 Cosas que Dios Quiere Para la Iglesia

1. *Dios quiere el gobierno de la Iglesia en orden (Verso 11):* Hay quienes ministran diciendo que el ministerio de los Apóstoles no existe hoy en día; sin embargo, no he visto ninguna evidencia bíblica de que este ministerio ya no existe. Fíjese que aquí Pablo comienza con los Apóstoles. Un apóstol es como un padre; no es tan solo

un líder de una Iglesia local; el apóstol supervisa diferentes Iglesias. El apóstol es un padre espiritual. El apóstol tiene hijos e hijas activos en el ministerio. Como parte del gobierno de la Iglesia están también los ancianos; entre los ancianos el líder es el Pastor; pero el pastor no funciona independientemente de los ancianos. Recordemos que en la multitud de consejeritos hay seguridad y se afirman las cosas (Proverbios 11:14 - 15:22). El Pastor no esta llamado a ser un dictador, sino a funcionar en el contexto de un grupo de ancianos.

2. *Dios quiere una Iglesia en donde sus dones fluyan con libertad y en orden.* *(Verso 11):* Una Iglesia en donde la congregación son simplemente espectadores domingo tras domingo y nunca tienen la libertad de utilizar sus dones está tan fuera de orden como la Iglesia que lanza a sus miembros a libremente utilizar sus dones sin ser discipulados. Nos hemos acostumbrado al "One-Man Show." A que solo el pastor, el líder de alabanza y un grupito selecto utilicen sus talentos domingo tras domingo mientras los demás se sientan a ver el espectáculo; mas eso no debe ser así. Consideremos Primera de Corintios 14:26, "¿Qué hay, pues, hermanos? Cuando os reunís, cada uno de vosotros tiene salmo, tiene doctrina, tiene lengua, tiene revelación, tiene interpretación. Hágase todo para edificación." (RVR1960). Esto es un elemento que se está perdiendo en muchas iglesias. El reto es que la aplicación de este elemento requiere que seamos agresivos en el discipulado. Fíjense que no tan solo el pastor está llamado a compartir doctrina y revelación. La biblia nos dice "cada uno." Todos tenemos que estar listos para compartir. El líder de alabanza no es el único que canta; la alabanza se extiende al pueblo. Claro que, si vas a compartir un canto públicamente o como ministerio debes tener talento en esa área, pero el corazón de todo cristianos debe ser sensitivo y dispuesto a cantarle a Dios. Sé que hay muchas denominaciones que rechazan el uso de lenguas, mas en este verso el uso de lenguas es permitido, más importante aún, la interpretación de lenguas; ya que el propósito es la edificación de la iglesia.

3. *Dios quiere una Iglesia que capacita a los santos para la obra del ministerio.* *(Verso 12):* Tenemos que enseñar y preparar a nuestras ovejitas y

luego darles libertad para que crezcan en sus dones. No podemos olvidar que el utilizar nuestros talentos no es una recomendación es una obligación; es una señal de agradecimiento por todas la s cosas que Dios ha hecho por nosotros y evidencia de nuestro amor por el prójimo. El amor es acción no solo palabras. El conocido versos de Juan 3:16 nos dice, "Porque de tal manera amó Dios al mundo, que ha dado a su Hijo unigénito…" (RVR 1960) Fíjense que envuelve el dar, el hacer algo.

4. *Dios quiere una Iglesia que sepa como edificarse los unos a los otros (Verso 12):* El desánimo es una herramienta satánica diseñada para que el hombre y a mujer de Dios no utilice sus dones. Como Iglesia tenemos que aprender a echarnos ánimo los unos a los otros; para esto no podemos simplemente tener relaciones de domingos durante el servicio. Nuestra relación los unos con los otros tiene que ser real y sincera. Acuérdense, somos familia. El mundo está repleto de desánimo; repleto de personas que te recuerdan tus limitaciones y las cosas que no puedes hacer; el mundo está lleno de mucha burla y de odio. Es normal que te sientas intimidado a la hora de usar tus talentos; pero es una responsabilidad divina y más importante aún, debes recordar que Dios te dará la gracia para hacer lo que estás llamado a hacer.

5. *Dios quiere una Iglesia unida (Verso 13):* Esta unidad tiene dos componentes requeridos: 1) <u>Unidos en la fe</u>. Tenemos que tener la misma fe. Una fe que establece la fe en Cristo como Salvador y Señor absoluto. Imposible estar en unidad con personas, Iglesias o ministerios que no reconocen a Cristo como único Señor y Salvador. No podemos estar en unidad con los Testigos de Jehová, Los Mormones, Los Musulmanes o ninguna Iglesia que, haciéndose llamar evangélica, predique cualquier otro evangelio (2 Juan 1:9-11) 2). Es decir, tenemos que estar unidos en el conocimiento y reconocimiento de Jesús como el Hijo de Dios. 2) <u>Unidos en lo que la Palabra nos dice de Jesús</u>. Todo conocimiento que insista en llamarse doctrina de Dios sin fundamento bíblico y que no se confirme en la Palabra no viene de Dios. Sé que hay aspectos de la Biblia muy difíciles de entender; la Biblia no es un libro intelectual, sino espiritual; mas las doctrinas fundamentales son bastante claras. Hoy día y, desde

7 Banderas de Esperanza

el principio de la Iglesia, se presentan muchas enseñanzas, algunas suenan muy profundas y dichas por hombres de gran renombre, mas no tienen absolutamente nada que ver con la Palabra. Insisto que nadie lo sabe todo con respecto a la Biblia, también insisto en que nadie es original en el cuerpo de Cristo. Somos embajadores de Cristo, enseñamos lo que ya él enseñó a través de sus apóstoles. Si se presenta algo nuevo en términos de revelación; no es que sea nuevo, sino que fue revelado luego, pero siempre estuvo en la Palabra.

6. *Dios quiere que alcancemos madurez como cristianos (Versos 13-15):* La biblia nos dice que crezcamos en todos los aspectos (Verso 15). Mas también recordemos que en la Iglesia tenemos diferentes grupos de personas. Putman y Harrington nos hablan de cinco grupos: 1) *Los que están espiritualmente muertos* (Efesios 2:1-5). No hay absolutamente nada que tú puedas hacer con este grupo; solo amarlos, orar por ellos y presentarles el evangelio. Este grupo no puede ver la luz del evangelio, aunque quiera. En la Iglesia misma se necesita evangelio interno muchas veces. No te frustres con este grupo; porque no tienen la habilidad de dar fruto. 2) *Infantes* (I Pedro 2:2-3) Este grupo no tiene conocimiento bíblico; necesitan cuidado y quien los alimente con la Palabra y discipulado intenso en todos los mandamientos de Cristo. No se puede esperar mucho de este grupo; tenemos que tener la misma expectativa que tendríamos de un infante. Acuérdense del egoísmo del infante y el énfasis en saciar sus propias necesidades. 3) *Niño* (I Juan 2:12) Este grupo está mostrando cierto grado de madurez; pero aún son niños. Hay que enfatizar en enseñarles quienes son en Cristo y reforzar la importancia de la confraternización en familia con otros hermanos y hermanas. Recuerden también que este grupo sigue enfocado en saciar sus propias necesidades. 4) *Joven Adulto* (I Juan 2:13-14) A este nivel comienza a haber un cambio en la vida del cristiano. A este nivel el cristiano comienza a poner su enfoque en Cristo y en ministrarles a otros. En este nivel comienzan a entender lo que es el servir a otros. En este nivel es importante que comiencen a usar sus talentos bajo la supervisión de otros hermanos o hermanas de más madurez. Necesitan, en este nivel, no tan solo aprender a servir, mas también necesitan ser preparados para

cuando sus servicios sean menospreciados. Es importante que el joven adulto entienda que su recompensa viene de Dios y que un ministro da sin esperar nada a cambio. Si el joven adulto no es preparado en la realidad del mal agradecimiento; posiblemente se rinde y no ministra más. 5) *Padres y Madres* (2 Timoteo 2:1-2) Este grupo es fuerte en gracia y en el conocimiento de nuestro Señor Jesucristo de acuerdo con Segunda de Pedro 3:18. Tiene un sólido entendimiento de la Palabra y la aplicación de esta. Este grupo necesita ayuda delegando responsabilidades; necesitan continuar su entrenamiento personal y necesitan rendirle cuentas a otros en autoridad. Más también necesitan el apoyo y el permiso de las personas en autoridad sobre ellos, para ser libres para discipular y ayudar a otros en el proceso de madurez espiritual. El pastor no puede hacer este trabajo solo.[1] Además de estos cinco grupos, encuentro que hay uno más el cual es muy importante identificar. 6) *Cizaña* (Mateo 13:36-43) Este grupo es el más peligroso en la Iglesia; no tan solo que no están salvos, pero existen para servir de tropiezo en la Iglesia. La cizaña tiene una agenda demoniaca. Jesús y sus ángeles echarán este grupo al infierno. Es importante que este grupo sea identificado y confrontado; mas también debemos recordar dos cosas, 1) Que ni el mismo infierno puede ganarle a la Iglesia (Mateo 16:18) y 2) Que Jesucristo mismo y sus ángeles removerán este grupo de la Iglesia de una vez y por todas.

7. *Dios quiere que hablemos verdad; en amor, pero que no tengamos miedo de llamar las cosas como son (Efesios 4:15) (Isaías 5:20):* Si algo es pecado sea confrontado como pecado; si es una buena obra sea entonces reconocido como una buena obra. Tenemos que aprender que el mundo siempre va a contradecir los principios de Dios. Tenemos que ser valientes y hablar verdad sin importar el precio a pagar. Creo que es una condición normal del ser humano el ser aceptado; ¿quién se levanta por la mañana deseando ser odiado por todos? Mientras más seriamente tomemos los caminos de

---

[1] Jim Putman & Bobbie Harrington, *Discipleshift: Five Steps to Help Your Church to Make Disciples Who Male Disciples, 55-71*

Dios en este mundo más odio recibiremos del mismo. Tenemos que preparar a nuestras ovejas para recibir el odio del mundo secular. Acordémonos que cuando insistimos en ser amigos del mundo nos convertimos en enemigos de Dios (Santiago 4:4).

8. *Dios quiere una Iglesia en donde todos estemos haciendo nuestra parte: (Efesios 4:16):* Creo que uno de los legados más destructivos que nos dejó Constantino fue la idea de separar a la iglesia entre los ministros ordenados y educados y la simple congregación que se sienta a absorber lo que le den. Lo cierto es que todos tenemos dones y todos tenemos responsabilidades en el Cuerpo de Cristo. Parece ser que en todas las Iglesia que visito solo el 20% hace el trabajo mientras que el restante 80% simplemente se sienta a recibir. En el Cuerpo de Cristo todos somos ministros; todos estamos llamados a dar sin esperar nada a cambio.

Ellos También Tienen Algo Para Mi

Desde antes de llegar aquí y aún desde hace muchos años; insisto que el llegar a estos lugares con la idea de ministrar y dar sin recibir nada a cambio en términos de bendición espiritual, es tener una actitud arrogante. Sé que vengo a estas tierras tan lejanas, no tan solo a dar, mas también a aprender. Sé que hay algo que voy a recibir aquí.

Pasamos un tiempo agradable en el servicio de anoche. Mañana continuaremos con la segunda parte de esta enseñanza. Después del servicio el Pastor Andrés me dijo que quería hablar conmigo. Muy respetuosamente, con la delicadeza que lo caracteriza, me dijo que él veía algunas cosas en mí y que quería mostrarme algunos puntos en la Biblia con referentes al alma. Tan pronto como él me dijo esas palabras sentí muchas ganas de escucharlo; sabía que el Pastor Andrés tenía algo poderoso para mí.

Angel Casiano

¿Noche de Balaceras?

Al retirarme al cuartito después de ministrarles a mis hermanos; me comuniqué con mi querida esposa Rayette a través de texto. La extraño muchísimo y sueño con traerla a Yokdzonot algún día.

Empezando a dormitar, continuaba peleando el sueño mirando a Facebook. De repente comencé a sentir disparos a la parte de atrás de la casita. Los disparos se sentían cerca y frecuentes. Yo me quedaba inmovible en la cama; pensando en mi mente lo que iba a hacer si entraban a mi cuarto con armas. Esperaba escuchar el quejido de alguien; me imaginaba que alguien quería matar a alguien. Los disparos continuaban, creía yo que quizás había alguien que quería intimidarme. Después de todo, el Pastor Andrés me ha hablado de brujos en estas áreas.

Los disparos continuaron toda la noche; ya a lo último y con el sueño que tenía no sabía ni que pensar, por lo que me fui a dormir. A las 6:30 de la mañana escuché otro disparo más; mas insistí en quedarme dormido. Tiempo después le pregunté al Pastor Andrés qué eran esos disparos; él se sonrío y me dijo que era parte de la celebración de la Virgen de Guadalupe. Los disparos eran unos pequeños fuegos artificiales. Me dijo el pastor que me preparara porque hoy diciembre 12 es el día oficial de la celebración de la Virgen de Guadalupe. Fue todo un motivo para más carcajadas.

CAPÍTULO 6

CONFRONTADO LA ENFERMEDAD DE MI ALMA

Segunda Bendición Espiritual

"Continúo Relatando mi Cuarto Viaje"
Lunes 12 de diciembre de 2016

En mi vida hay muy pocas fechas de las cuales siempre me acuerdo; esta fecha quedará por siempre clavada en mi mente. El Pastor Andrés Briceño Ruiz me había comentado que quería hablar conmigo. El pastor hablaba del alma y me llamó mucho la atención lo que él decía; no porque era mi amigo quién decía estas palabras, más porque estas palabras eran confirmadas en las Escrituras.

Ese día teníamos planeado ir al famoso Cenote de Yokdzonot. De hecho, Yokdzonot significa, "Sobre las aguas." Este pueblo está literalmente sobre las aguas. En el Cenote tenemos la oportunidad de disfrutar esas aguas. Es como un hoyo gigante que forma una piscina gigante de agua natural. La profundidad de esas aguas dicen que es como de 45 metros.

Durante nuestro desayuno, tan pronto como el Pastor Andrés comenzó a hablar del tema del alma, le pedí que me enseñara más. ¡Qué bendición fue escuchar esta enseñanza! Pude ver la condición enfermiza de mi alma y la descripción física de la misma, como se lastima y como se sana. Más que todo, encontré la causa por mi alma enfermiza y la sanación de esta. En mi vida creo que nadie me había ministrado como este hombre. Siempre he escuchado de personas que vienen a México a buscar sanación para sus cuerpos; mas en el centro del pequeño templo de "La Hermosa" encontré medicina para mi propia alma. A Dios le doy las gracias por el hermano Andrés y por la enseñanza que depositó en mí en ese día.

Oración:

"Padre, gracias en este día por la gran misericordia que has tenido conmigo. Gracias mi Dios que te ha placido enseñarme verdad; mostrarme profundidades de tu Palabra, profundidades que cambian vidas, que transforman corazones y que restauran almas. Padre, hoy me doy cuenta de la condición enfermiza de mi alma. Sí, el Pastor Andrés me dio una introducción; me dio unas estrategias de pelea; pero sé que aún hay más. Tengo paz en saber que tú me enseñarás estas cosas."

La Cuarta Bandera: La Bandera de la Victoria Garantizada

"…segaremos…" Gálatas 6:9

¿Cómo declarar victoria cuando todo alrededor de nosotros está destruido? ¿Cómo declarar victoria cuando hemos visto el final de ministerios, Iglesias y seres queridos y, cuando ahora cargamos el vergonzoso título de divorciados? Los fracasos en mi vida; mis desplomos morales, flaquezas, humanidad y pecados han estado frente a mí por muchos años atormentando mi conciencia y ahogándome en la condenación y en la vergüenza. ¿Se habrá desplomado esta bandera de la victoria garantizada?

7 Banderas de Esperanza

Mientras la bandera de la perseverancia esté levantada; esta bandera de la victoria garantizada nunca será destruida... ¡NUNCA! En una pelea fuerte y sangrienta; se reciben golpes y se dan golpes; quizás caemos; quizás recibimos cortadas en nuestros rostros, quizás hasta huesos rotos; rostros hinchados, moretones y en fin; quizás en medio de la pelea no parece que vamos a ganar. Los que ven la pelea desde afuera juzgan; pasan sus juicios como si fuera el juicio último de Dios. No los culpo; perdí a mi esposa, me casé rápido, cometí pecados de inmoralidad y la lista se extiende aún más y más. Mi debilidad fue pública y bochornosa. ¿Quién puede familiarizarse conmigo?

Mas el hombre se levanta; no por sus propias fuerzas sino por la fuerzas de un Padre bueno, que nos ayuda, que nos azota, que nos disciplina y que nos restaura. Un Padre que nos confronta con nuestros pecados y orgullo y nos lleva al arrepentimiento sincero; y cuando ese espíritu de arrepentimiento entra en nuestros corazones, entra la poderosa misericordia, la sangre de Cristo y la reconciliación con un Padre que tiene la capacidad, no tan solo de perdonar, sino de olvidarse de que esos pecados existieron (Hebreos 8:12).

Hermanos, la victoria garantizada no significa que no habrá dolor, que no habrá pecado ni faltas, la victoria garantizada está agarrada de la perseverancia en Dios. Mientras tú y yo no le demos la espalda a Dios, segaremos. ¡Dios es bueno! Al momento de escribir estas palabras celebro cinco años de casado con Rayette. Puedo por siempre lamentar la muerte de Ileana; reclamarle a Dios el hecho de que hoy día Ileana y yo estuviéramos celebrando casi 30 años de casados. Puedo por siempre sentirme avergonzado de mis pecados de fornicación y de mi divorcio. En este proceso puedo perder el hecho de que Dios tiene el poder para la restauración y que me ha amado, disciplinado, azotado, perdonado, reconciliado y restaurado.

Hoy puedo declarar, sin ningún tipo de duda, que mi victoria está también garantizada tal y como la victoria de David fue garantizada aun cuando sus manos estaban manchadas de sangre y fornicación; tal y como la victoria de la mujer Samaritana fue garantizada aún luego de cinco divorcios; tal como la victoria de Pedro fue garantizada aún después de negar a su Señor Jesucristo; aún como el hombre en Primera de Corintios quien tuvo sexo con la mujer de su padre y aún como tantos otros hombres y mujeres a través de la Biblia y a través de la historia. Oh sí… hoy en Yokdzonot declaro mi victoria.

Pidiendo Perdón a un Hermano

13 de diciembre de 2016

En Puerto Rico recuerdo que en muchos lugares no se permitía hablar de religión o de política. Creo que estos temas tienen la habilidad de incitar muchas pasiones; algunas positivas, pero también algunas muy negativas. Nosotros los hispanos somos personas muy apasionadas y cuando nos convencemos de algo y alguien nos contradice, no sabemos explicar nuestro punto y luego simplemente callar y abandonar la conversación antes que llegue el insulto.

Ya han pasado muchos años desde que conocí a José Bosque; un hombre al que por siempre le estaré agradecido; un hombre al que siempre amaré y respetaré. Hace muchos años también que no ministro con él. Ha habido, sin dudas, una separación entre nosotros. La razón por dicha separación es que llevo años estando en desacuerdo con él en asuntos doctrinales. Tenemos una historia juntos que no ha sido siempre placentera.

Los desacuerdos que tenemos hoy día en relación con la autoridad de la Palabra, para mí son, no negociables. Para mí, la Palabra Escrita es la Palabra de Dios y en donde se confirman todas las cosas que nosotros escuchamos en nuestros espíritus. Hasta este momento entiendo que Bosque y yo no vemos el asunto igual. Hemos argumentado en las redes sociales; específicamente Facebook. Fue en una de esas discusiones en donde el hermano Gilberto José Palma García se ofendió con un intercambio que tuve con José Bosque. Gilberto y yo tuvimos nuestro propio intercambio no placentero.

Era obligatorio, al venir a Mérida, el hablar con Gilberto y pedir perdón. Le pedí al Pastor Andrés que organizara dicha reunión y así fue. Hablamos brevemente en la casa de Gilberto y simplemente nos pedimos perdón mutuamente. Este es un hermano que yo amo; con el cual he tenido bonitos momentos y espero que Dios haga una obra profunda en nuestra relación.

Ministrando en la Iglesia Profecía en Libre Unión

En la noche me preparaba para ministrar en un Iglesia muy cerca de Yokdzonot llamada Profecía en un pueblito llamado Libre Unión. Mis ojos vieron un pueblo que se lanzó al altar al final del mensaje. Le pido a Dios que las lágrimas que vi hayan sido producto de almas que estaban recibiendo la sanación de Dios. No creo que eran llantos de alabanza, sino de dolor. Ese dolor de rechazo, de ofensas, de la falta de perdón, etc. La condición enfermiza del alma de muchos de nosotros es alarmante. En un mundo de tanto dolor e injustica, ¿A quién conocemos que tenga un alma sin heridas?

La enseñanza del Pastor Andrés me ministró como nunca nadie me había ministrado. Creo que lo que enseño hoy día con el discipulado es muy importante; pero creo también que se complementa con la enseñanza que Andrés ha aprendido. Tenemos que ser sanados y preparados para poder ser efectivamente usados por Dios; tenemos que confrontar el dolor y la enfermedad de nuestras almas y tenemos que estar preparados en cada mandato de Cristo y en la doctrina de los apóstoles.

Angel Casiano

Tercera Bendición Espiritual

La Caminata

14 de diciembre de 2016

Las 7:15 de la mañana aquí significa las 4:15 de la mañana en Fairbanks, Alaska. Llevo dos días levantándome a esta hora. ¡Qué bendición! Anoche le dije al Pastor Andrés que quería caminar por lo menos una hora hoy. Nos fuimos a caminar; terminamos caminando una hora y media y alrededor de 5 millas. ¡Qué calor! Pero, una vez más, ¡Qué bendición!

Esta fue otra conversación muy íntima que tuvimos; nuestro tiempo fue Cristo-céntrico, de mucha revelación para mí, informativa y práctica. Esta vez hablamos de las maldiciones y de las bendiciones. Como entran esas maldiciones y como salen.

Por años he estado convencido de que nadie tiene autoridad para declarar una maldición en mi vida o en la vida de mis hijos. Por años he pensado que a menos que yo crea lo que se dice en mi contra no hay forma que una maldición pueda ser efectivamente proclamada en mi contra. Mas hoy me doy cuenta de que no es así.

En la Biblia vemos hombres declarando maldiciones; estas maldiciones fueron declaradas y se hicieron real independientemente del permiso, de lo que creía o no a quién la maldición fue dirigida. Es importante añadir que como pueblo de Dios, Dios no nos manda a maldecir a nadie; estamos llamados a bendecir aún hasta nuestros enemigos (Mateo 5:44).

Un brujo, una hechicera o alguien con autoridad en el reino satánico pueden declarar maldición. Cualquier persona con autoridad en nuestras vidas; puede declarar maldición en nuestras vidas y en la vida de nuestros hijos. De eso se trató nuestra conversación mientras seguíamos hablando de temas sensitivos.

Pueden notar que aunque toco algunos puntos, no entro en detalle con respecto a la información bíblica ofrecida; solamente doy una idea de lo que he recibido. Lo hago para proteger esta información para que no se distorsione, se utilice incorrectamente o se utilice para mercadear dicha revelación. Las bendiciones espirituales que estoy recibiendo del Pastor Andrés son poderosas y por siempre las valorizaré en mi corazón. De regreso a nuestra caminata oramos juntos. Esta caminata fue una bendición increíble en mi vida.

"Padre, hoy me das otra bendición. Dices en tu palabra que tu pueblo perece por falta de conocimiento (Oseas 4:6). Oh Jehová hoy tú me has dado conocimiento santo. Hay tanto que hacer; esto es una guerra constante. Pero tú eres un Dios de misericordia, todo poderoso; quien puede y quiere restaurarnos. Padre, hay maldiciones que han entrado a mi vida y a la vida de mis hijos porque le he dado entrada legal a las mismas; perdóname y enséñame oh Dios. Ayúdame a liberar mi vida y a posicionarla bajo el poder de tu Espíritu, en el nombre de Jesús y para la gloria tuya. Ayúdame a liberar a mis hijos y a mi esposa oh Dios. Padre te pido que sanes nuestras almas y que remuevas toda maldición de nuestras vidas. Sigue mostrándome cómo hacerlo; enséñame oh Dios. Gracias una vez más por el Pastor Andrés que me ha mostrado estas cosas."

CAPÍTULO 7

MUCHO TRABAJO, POCA AYUDA

"Continúo Relatando mi Cuarto Viaje"

Hoy en la noche enseñé en "La Hermosa"; un grupo muy pequeñito vino al estudio bíblico. Si acaso, algunos siete adultos. Seguí enseñando sobre el tema del discipulado. Es mi esperanza que de ese grupito salgan verdaderos discípulos. "La Hermosa" es la Iglesia que más se aproxima a una Iglesia verdadera de todas las iglesias que yo he visitado. Sin embargo, tampoco es inmune a problemas. También existe el problema del mucho que hacer y de la muy poca ayuda. Más hay que darle gracias a Dios que hay dos o tres hombres que son fuertes en la fe y siempre dispuestos a ayudar.

La iglesia en general necesita enamorarse de Dios; cuando eso pase tendrán siempre tiempo para Él y para el servicio de su gente. Hoy día siempre hay excusa para no servirle a Dios. Parece ser que ha todo le echamos ganas, menos a las cosas de Dios. Eso va a cambiar; le creemos a Dios que va a ser así.

"Padre, causa que la Iglesia en general se enamore de ti; sé que cuando eso pase siempre habrá tiempo para ti. Despierta a la iglesia oh Jehová; destruye la pereza, el descuido, la mediocridad y la falta de excelencia.

Padre, hay mucho que hacer en La Hermosa, muchas bendiciones, pero también muchas necesidades. Oh Padre; ayúdame a bendecir a esta Iglesia para que ese edificio sea terminado y que sea un edificio hermoso; símbolo de tu fidelidad y favor sobre este pueblo. Padre, aún más me siento en deuda después de experimentar la forma que tú me has bendecido a través de tu siervo Andrés. Gracias mi Dios por líderes fieles; mándale ayuda a la Pastora Brenda; levanta mujeres en la Iglesia local que sean tan trabajadoras como ella. Oro, aún ahora, para que me bendigas con un quinto viaje a Yokdzonot; y que esta vez pueda ir y disfrutar con mi querida esposa Rayette. Oro para que abras puertas para que pueda venir para la ordenación como ministro de Andy, hijo del Pastor Andrés. Sí Jehová, que así sea, en el nombre de Jesús… Amén."

Mensaje a los Ministros que Vienen del Pueblo Americano

Hay una tendencia entre el pueblo americano a pensar que cuando salen al extranjero a ministrar, ellos van exclusivamente a dar. Ni siquiera consideran que ellos pueden recibir algo de ese pueblo o, peor aún, no consideran que pueden necesitar algo de ese mismo pueblo al que le ministran. Muchas veces van sintiendo lástima por la condición y la pobreza de algunos de los países a los cuales son llamados a ministrar. Aunque sé que algunos no tienen malas intenciones; al contrario, quieren ser de bendición, este tipo de mentalidad ministerial no es de Dios y se podría considerar un tanto pedante.

Siempre he venido a México a dar lo mejor que pueda dar; sin ningún interés material, pero listo para aprender de este pueblo y listo para recibir bendición espiritual. Desde que llegué a esta tierra he cantado, confraternizado, orado, he predicado y enseñado la Palabra de Dios. He dado lo mejor de mí sin importar si la ministración es a un alma, a un rico, pobre, a un grupo pequeño, jóvenes, viejos o a grupos más grandes. Mas hasta ahora, faltándome cuatro días para regresarme a Alaska, aún estoy en deuda comparado con las cosas tan bellas y profundas que he aprendido con el pastor Andrés Briceño Ruiz. ¡Toda la Gloria y honra sea para Dios!

Segunda Enseñanza

El Resultado de la Obediencia y de Una Iglesia en Orden

Durante esta visita y hasta el momento en que escribo estas palabras, han habido ciertos temas y expresiones que han tomado forma protagónica. En términos del mensaje que Dios me ha enviado a comunicar en este, mi cuarto viaje, enfatizo desesperadamente de que no soy un original; sino que lo que comunico; o trato de comunicar es lo que fue establecido por mi Señor Jesucristo y sus apóstoles. Otro punto protagónico es el hecho de que no estamos llamados a inventar nada, todo ya está escrito. No es que lo sepamos todo; por supuesto que no. Dios nos da revelación; pero esa revelación no añade páginas nuevas a la Biblia. La revelación es Dios dándonos entendimiento de lo que ya estaba en la Biblia.

La mayor parte de mi vida como cristiano me la he pasado en el ala de la Iglesia Pentecostal y Carismática. Esta Iglesia habla mucho del avivamiento de que Dios va a hacer algo nuevo con ellos. Muchas veces suenan como si fueran los predilectos de Dios; un grupo exclusivo mediante el cual Dios se manifiesta como en ningún otro. Más al final de cuentas, mucho de lo que personalmente he visto es absolutamente emocional, sin ningún tipo de substancia bíblica.

Lo cierto es que si nosotros, simplemente nos dedicamos a hacer lo que la Biblia nos manda a hacer; enfatizando en la enseñanza que nos explica **El Qué, El Cómo y El Porqué de La Iglesia**, los resultados serían monumentales. Cuando hacemos, con la ayuda de Dios, lo que Dios manda, experimentamos avivamientos personales. Le pedimos a Dios siempre por avivamientos regionales o nacionales; pero todos los avivamientos, a través de la historia, comenzaron con un corazón hambriento y sediento por Dios. Para ver los resultados de una Iglesia que funciona de formar apostólica; veamos la siguiente porción bíblica, Hechos 2:43-47 y Efesios 4:14-16. De aquí encontramos 15 Características de la Iglesia de Cristo:

1. Temor de Dios en la Iglesia. (Hechos 2:43)
2. Prodigios y señales. (Hechos 2:43)
3. Un liderazgo ungido. (Hechos 2:43)
4. Unidad. (Hechos 2:44-46)
5. Alegría (Hechos 2:46)
6. Sencillez de corazón (Humildad) (Hechos 2:46)
7. Verdadera alabanza a Dios (Hechos 2:47 - Salmo 103:2)

Beneficios de la Alabanza a Dios

a. Desata el poder de Dios (Hechos 16:25-26
b. La tierra produce fruto (Salmo 67:5-6)
c. Trae Victoria (2 Crónicas 20:21-22)
d. Atrae salud (Proverbios 17:22)
e. Produce Paz (Isaías 60:18 – Filipenses 4:7-8)
f. Nos cambia (2 Corintios 3:18)

1. El visible favor de Dios. (Hechos 2:47)
2. La Iglesia crece en el número de personas salvas. (Hechos 2:47)
3. Una Iglesia madura y fuerte en el conocimiento de la doctrina de los apóstoles. (Efesios 4:14)
4. Una Iglesia con la capacidad de identificar falsas doctrinas. (Efesios 4:14)

5. Una iglesia que no se ofende con la Palabra de Dios; una Iglesia que se goza en la verdad de acuerdo con Primera de Corintios 13:6. (Efesios 4:15)

6. Una Iglesia en donde todo el mundo hace su parte. (Efesios 4:16)

7. Una iglesia en donde nadie anda en necesidad. (Hechos 4:34)

8. Una iglesia que marca su autenticidad en la persecución. Esta persecución se desata por su afán y compromiso a la santidad de Dios. (2 Timoteo 3:12)

Lleno de Esperanza por la Iglesia

15 de diciembre de 2016

Hoy más que nunca estoy lleno de esperanza por la Iglesia. Tenemos unas poderosas promesas bíblicas:

1. El mismísimo infierno no prevalecerá en contra de la Iglesia (Mateo 16:18).

2. Jesucristo no tomará para sí mismo una iglesia sucia, corrupta ni fracasada; más una Iglesia gloriosa, sin mancha y sin arruga (Efesios 5:27).

3. La Iglesia pasará por un proceso de purificación intenso que será orquestado por el Padre mismo. Dios removerá la cizaña de entre nosotros (Mateo 13:24-30).

Nuestra Parte

1. Llevar a cabo La Gran Comisión de acuerdo con Mateo 28:16-20.

2. Capacitar a Los Santos de acuerdo con Efesios 4:12-15.

3. Enfocarse en el Modus Operandi de la Iglesia de acuerdo con Hechos 2:42.

4. Negarse a uno mismo, cargar nuestra cruz y seguir a Cristo de acuerdo con Mateo 16:24.

5. Mantenerse en la Palabra; que todo sea confirmado en ella; no en tradiciones ni en opiniones de hombre de acuerdo con Juan 8:31.

Tercera Enseñanza

Procurando Ser Grandes en el Reino

Esta mañana me levanto con un gozo sincero, agradecido de Dios porque ha sido tan bueno; adorándolo con mi espíritu, alabando con mi alma y exaltándolo con mi cuerpo. Aunque la materialización del completo desarrollo del potencial de la Iglesia no sea una realidad todavía; que Dios nos cuide de juzgar las cosas antes de tiempo y de declarar en nuestros corazones que el Señor tarda y que, en esa misma frustración, nos dediquemos a azotar a la Iglesia y a entregarnos al pecado de acuerdo a Lucas 12:45-48.

En julio del 2016 tuve un sueño que se repitió una y otra vez; prácticamente durante toda esa noche. En ese sueño se encontraba una multitud de cristianos en una isla. Tenían todas las piezas necesarias para construir avionetas; muchas avionetas; suficiente para que todos salieran de la isla. Toda la tecnología, energía y conocimiento estaba a la disposición en la isla para poder construir estos aviones. Aún los instructores capacitados para construir estas avionetas estaban en la isla.

Se hablaba mucho de lo que se iba a hacer; los instructores hablaban de lo que se sentía al volar estas avionetas y de los lugares que ellos habían podido visitar. La gente quería experimentar lo mismo; se sentían listos para marchar en dichas avionetas. Mas había un problema muy grande; nadie verdaderamente se estaba dedicando a organizar este pueblo, a enseñarles cómo construir estas avionetas para al fin, salir de la isla. Hablaban mucho, pero nada se ponía en práctica.

Esa es la condición de la Iglesia; esa es una ilustración de la falta de discipulado en las Iglesias. Se habla mucho, se predica, se enseña, pero se ignora el verdadero discipulado que facilita el salir de nuestras islas predicando el evangelio y haciendo discipulados. Esta generación tiene todo lo necesario para implementar un verdadero programa de discípulos; pero no lo hacemos.

Mateo capítulo 5 introduce el famoso Sermón del Monte de nuestro señor Jesucristo, el cual se extiende a los capítulos 6 y 7. Si te arrancaran todas las páginas de la Biblia y te dejaran solo estos tres capítulos podrías, sin ningún problema, identificar la esencia de la fe cristiana. Esta, mi tercera enseñanza, se enfoca en Mateo 5:19-20.

Puntos importantes

1. *Sabemos que Cristo tomó toda la ley de Moisés y los profetas y la resumió en dos mandamientos (Mateo 22:37-40).* No es que Cristo eliminó la ley y nos dio, necesariamente, un nuevo mandamiento; más nos dio una nueva revelación de lo que verdaderamente significa la ley de Moisés y los profetas. Muchas veces escucho ministros referirse a las leyes del Antiguo Testamento como si fueran malas o pasadas de moda; mas no es así; no es que la ley sea mala. Si la ley fuere mala, entonces ¿por qué Cristo la cumplió? Precisamente lo que hace a Cristo tan especial, lo que lo hace merecedor del título Señor y Salvador, es el hecho de que él fue el único que cumplió la ley. (Mateo 5:17)

2. *La Gran Comisión nos ordena a enseñar todos los mandamientos de Cristo (Mateo 28:19-20).* Así como Mateo 22:37-40 se conecta al Antiguo Testamento y lo complementa; la Gran Comisión viene a ser lo que nos conecta a todos los mandatos de Cristo. Cristo nos ordenó a hacer discípulos y a enseñarles a éstos a guardar todo lo que él nos ha mandado a hacer (Mateo 28:20). Cuando estudiamos las letras rojas de la Biblia vemos como, ultimadamente, el amar a Dios por sobre todas las cosas y al prójimo como a ti mismo, está supuesto a lucir en este mundo.

Aquí no se trata de solo enseñar estos mandatos de Cristo; pero enseñar a como guardar los mismos. Esto envuelve el que vayamos a Hechos 2:42, el Modus Operandi de la Iglesia y la necesidad de activamente caminar unidos, perseverando en el estudio de la doctrina de los apóstoles, en la confraternización y en la oración.

3. *Mateo 5:19-20 nos muestra tres niveles de personas en las Iglesias:*

   a. **Los vagos y conformistas:** Estos creen que ellos no tienen ninguna responsabilidad con Cristo y la Iglesia. Son trabajadores en todas partes, le echan ganas a todo, menos a las cosas de Dios. (Verso 20)

   b. **Los pequeños en el reino de los cielos**: Estos son los que no procuran seguir todos los mandamientos; pero siguen algunos y también se dedican a enseñar. (Verso 19)

   c. **Los grandes en el reino de los cielos**: Estos son los que procuran guardar TODOS los mandamientos con la ayuda de Dios y también son fieles en enseñarlos. (Verso 19)

Muchos procuran ser grandes en esta tierra; pero estamos llamados a esforzarnos, a hacer lo que nos toca; no para salvación; Cristo ya pagó el precio por nuestros pecados; pero para recibir los galardones que nos tocan a los que somos fieles con lo que Dios nos ha dado. Quizás aquí en esta tierra no seas grande; pero tu fidelidad te prepara para recibir las coronas y te hace grande en el Reino de los Cielos.

Los Hombres Fuertes de Buctzotz, Yucatán

"Padre Jehová, Padre de la vida y de la bendición; tú que tienes el poder de libertar a los cautivos; tú eres un Dios de misericordia. Padre te pido por las almas de los hombres a los cuales pude ministrarle la Palabra; hombres que mediante la impartición de manos bendije. Padre te pido que tú sanes sus almas de cualquier dolor. Aunque sentí un grupo de hombres fuertes; física y espiritualmente, había algunos que sentían dolor. Padre ayuda a estos hombres en sus hogares, en sus ministerios y levántalos como hombres de Dios ungidos para tu gloria y para el servicio de tu Pueblo. Padre, aunque era un grupo de hombres; le ministré sobre una mujer; la mujer samaritana. ¡Qué glorioso lo que hiciste en la vida de esta mujer quién tenía cinco divorcios y vivía en pecado con un sexto hombre! Mas tu Hijo la alcanzó y no tan solo salvó su alma, mas también la utilizó para un gran avivamiento en Samaria. ¡Oh gloria a Dios!; aquí estamos nosotros; descalificados también; con bochorno en nuestros testimonios, con limitaciones, inseguridades y luchas. Haz algo poderoso en nuestras vidas. Ayúdanos a ser fiel en lo poco y luego, cuando ya estemos listos; danos las naciones. Lanza esos hombres por los cuales oré a hacer lo que tú le has mandado a hacer. Confío que aún en este momento, tu santo Espíritu está haciendo cirugía en sus corazones. Padre, el pastor de esa congregación, el Pastor Marcos, me cayó muy bien. Bendícelo Jehová; bendícelo con toda cosa buena que tú has asignado para él. En el nombre de Jesús… Amen"

El Caribe Mexicano

16 de diciembre de 2016

Que sentimiento tan lindo el escuchar las olas del mar y la brisa tan placentera de esta playa. Estoy tan cerca de mi isla Puerto Rico y tan cerca de Cuba; la cual quiero visitar algún día. Muchos años atrás tuve un sueño en el cual Dios me mostró que algún día me permitiría ministrar en Cuba; pero después de la muerte de Fidel Castro. Oro para que Dios abra esa puerta. Ojalá y nos permita Dios al Pastor Briceño y a mi ir juntos algún día.

Angel Casiano

17 de diciembre de 2016

Una Pequeña Reflexión Sobre las Manos Fuertes del Yucateco; Mas la Necesidad de que le Echen Ganas al Trabajo en La Iglesia

La una de la madrugada cuando escribo estas palabras. Muy motivado y contento con este tiempo que he pasado con Dios y con mis hermanos y hermanas en México. He notado de forma clara, al saludar a estos hombres, que la mayoría de ellos poseen manos fuertes y callosas. Es mi deseo que ellos se enamoren de Dios. Es obvio que le están echando ganas a sus trabajos; mas no es obvio que le estén echando ganas a la Iglesia y a sus responsabilidades para con ella.

En este momento podemos decir que siempre hay tiempo y dinero para aquellas cosas que queremos hacer; más a Dios le damos nuestras migajas. Cuando nos enamoremos de Dios siempre habrá tiempo para Dios y para su pueblo.

Un Precioso Amanecer en Playa del Carmen

Estoy en el Parador Turístico llamado Xpuha, en la Rivera Maya de Playa del Carmen. Hacía ya muchos años que no veía un amanecer. Hoy puedo decir que el Espíritu Santo me levantó tempranito. Todavía a las 6:15 de la mañana estaba oscuro; caminé y oré un poco. Luego me senté en la arena a ver el espectáculo de un nuevo y precioso amanecer.

Luego se levantó el Pastor Andrés y su familia. El hermano Eric y su esposa Miriam son unos siervos verdaderos de la Iglesia en donde voy a predicar hoy. Voy a expandir sobre ellos luego. El hermano Eric me trajo un cafecito mientras me relajaba mirando las aguas del Mar Caribe. Su esposa trajo un desayuno y ahí compartimos risas y gozo en el Señor.

Antes de desayunar, el Pastor Andrés y yo nos fuimos a caminar; invitamos a Eliel, pero él prefirió la hamaca. Eliel es el hijo menor del Pastor Andrés; un muchacho intrépido que a pesar de que el pastor, su esposa Brenda y yo le recalcamos que no entrara a la casita en la cual me estaba quedando en Yokdzonot, el abrió la puerta dos veces sin ningún tipo de aviso. A la tercera vez estaba yo parado en plenos calzoncillos; después de eso no me interrumpió en mi cuarto más. ¡Espero que el muchacho no haya quedado traumatizado! Con todo, me gocé muchísimo con Eliel y creo que Dios tiene un plan para su vida.

Luego del desayuno, el Pastor Andrés, Eliel y yo nos tiramos a la playa. Me disfruté cada segundo; sé que en dos días me regreso a Alaska y no hay forma de que yo me meta en ninguna playa de Alaska, ni aún en el verano. El agua siempre está como de nevera. La verdad es que estoy pasando unos momentos muy bonitos por acá; solo extraño a mi amada Rayette. La extraño y la aprecio muchísimo.

La Mala Teología Lastima y Deshonra a Dios

He considerado ignorar el relatar la ministración de este día, pero no puedo. La razón por la cual vine a La Playa del Carmen fue para predicar en una Iglesia. El hermano Paulo Eric Martínez Platas y su querida esposa Miriam Esther Yah Tuyub, a los cuales mencioné anteriormente, me vinieron a buscar en el aeropuerto de Mérida cuando llegué hace unos días. Estaba tan cansado que a la verdad no tuve la oportunidad de compartir con ellos, más en este viaje a la Playa tuve la oportunidad de conocerlos un poco mejor.

Estos hermanos le dieron su vida a Cristo apenas dos o tres años atrás y su compromiso y dedicación a Dios y su Iglesia son evidentes. Eric y Miriam convirtieron el garaje de su casa en un templo en donde su Iglesia se reúne. Ellos no son los pastores, pero definitivamente, aún en su juventud como cristianos, son columna fuerte en ese ministerio. Estos hermanos pagaron los gastos de hotel y nos bendijeron con la maravillosa experiencia de quedarnos en un hotel con vista directa a la playa. Estos hermanos, sin duda tienen el don de dar. Ambos, Eric y su esposa Miriam dejaron una huella profunda en mi corazón.

A pesar de la tan buena impresión que me dieron, fue en La Playa en donde más difícil se me hizo escuchar el mensaje que Dios quería para esa Iglesia. En este viaje no prediqué el mismo mensaje, sino que en cada Iglesia le pedí a Dios que me diera palabra específica. En los demás lugares, incluyendo La Hermosa, la Palabra fluyó con facilidad, pero no ahí.

Finalmente sentí el mensaje que Dios tenía para esta Iglesia. Se supone que cantara una o dos canciones antes de predicar; pero ni Andy, quien me acompañaba en el piano, ni yo, sentimos el fluir del Espíritu. Algo no estaba bien; algo estaba fuera de orden, algo tenía que arreglarse. En mi corazón sentí la urgencia de la predicación y enseñanza de la Palabra. Aunque a mí me gusta cantar y me gusta la música; la música no es más importante que la Palabra. Tomé autoridad, ya que el pastor de dicha Iglesia tenía planeado continuar cantando después de mí. Espero que no le haya faltado el respeto; no fue mi intención. Más testifico que él no trató, en ningún momento, de detenerme.

Para mí es un alivio el saber que no llevo ningún tipo de agenda, sino la agenda de Cristo; que no predico para ganar ofrendas, que no manipulo al pueblo, sino que lo que Dios me dice que predique y enseñe eso predico y enseño con la ayuda de su Espíritu. Me parecía muy necesario el comunicar que es hora de rechazar todo lo que se ha aceptado como doctrina que no es confirmado en la Palabra; ese punto lo hice más fuerte en esta Iglesia que en ninguna otra en este viaje. El Pastor John Piper lo dice bien cuando nos dice "La mala teología eventualmente lastima a la gente y deshonra a Dios en proporción con el grado de la mala teología que se enseñe."² A continuación el mensaje que Dios me dio para la Iglesia de Playa del Carmen.

Vidas con Propósito Santo

Permíteme hacerte las siguientes preguntas: ¿Que estás haciendo con tú vida?, ¿Estás echando fruto?, ¿Estás aprendiendo; creciendo en gracia y en el conocimiento de Cristo? ¿Estás usando tus talentos para la gloria de Dios y para el servicio de su pueblo? ¿Estás aprendiendo a negarte a ti mismo, a cargar tu cruz y a seguir a Cristo? Es la Biblia la máxima autoridad en tu vida; o vives y crees lo que te da la gana, independientemente de lo diga la Biblia. ¿Está todo lo que crees y has aceptado como doctrina, confirmado claramente en las Escrituras o insistes en creer lo que has decidido creer? La repuesta a cada una de estas preguntas determinará tu recompensa en la Nueva Jerusalén.

Hoy no trato con asuntos de salvación; hoy le hablo al cristiano. Nosotros como cristianos tenemos que reconocer; que no todo el mundo estará en el mismo nivel en la nueva Jerusalén y que no todos recibirán la misma recompensa. Ya hemos establecido en este libro que habrá aquellos quienes serán llamados grandes en el reino de los cielos y otros que serán llamados muy pequeños en el mismo; esto es de acuerdo a Mateo 5:19. Hoy quiero continuar este tema y hablar un poco de las cinco coronas o galardones de los cuales nos habla la Biblia.

Para comenzar a desarrollar el tema hablemos del ejemplo que nos dan los 24 ancianos en Apocalipsis 4:10-11. Los 24 Ancianos en Apocalipsis son un ejemplo de lo que a nosotros nos va a tocar hacer delante de Dios cuando ofrezcamos nuestra primera adoración de cara a cara con Dios. La Biblia menciona cinco coronas:

---

[2] A Godward Life Volume Two, pg. 377

1. **La Corona Incorruptible** (1 Corintios 9:25) Esta es la corona que se le da a todos los que guardan sus testimonios en todos los aspectos de su vida. No somos perfectos y sabemos que fallamos de muchas formas. También sabemos que nada con valor de Reino de Dios se logra por nuestras propias fuerzas. Pero tenemos también que reconocer que Dios no nos da encomiendas sin proveer asistencia. La Corona incorruptible es para todos aquellos que tienen hambre y sed de justicia (Mateo 5:6) es para todos aquellos que aman el estilo de vida santo.

2. **La Corona de Gozo** (I Tesalonicenses 2:19-20) Esta es la corona que se le da a los que ganas almas para Cristo. Existe la oficina de evangelista; es verdaderamente un don muy especial el de ganar almas. Sin embargo, todos estamos llamados a hacer la obra de evangelista (2 Timoteo 4:5). Aún siendo Timoteo un pastor; Pablo lo anima a hacer la obra de evangelista. El hecho de que esta corona exista y sea tan específica nos anima a todos a ser instrumentos de vida para el mundo. Tenemos el mensaje de salvación y tenemos la obligación y el serio compromiso de compartirlo cuantas veces el Espíritu así lo permita.

3. **La Corona de Justicia** (2 Timoteo 4:8) Esta corona está reservada para todos aquellos que aman y anhelan la venida de Jesucristo. Estos son los que están locamente enamorados de Jesús. Creo que esta corona está reservada para aquellos que hicieron una realidad el amar a Dios por sobre todas las cosas. Es la imagen de un hombre enamorado de su amada. ¿Te podrías tú identificar con esto? Como la llamabas a cada rato, como siempre pensabas en ella y como te dolía tanto estar alejado de ella. Hermanos, así debemos ser con nuestro Señor Jesucristo. Hay que buscarlo en oración, en adoración, en alabanza y en el estudio de Su Palabra. El mandamiento más violado en el mundo es este; la realidad de que aún en la Iglesia todavía no amamos a Dios por sobre las cosas. Esta corona quizás sea la base de todas las demás. Oremos para que la alcancemos. El vivir anhelando la venida de Cristo y el vivir preparados para dicho evento no es una cuestión de denominación, es un estilo de vida.

4. **La Corona de los Pastores o Corona de Gloria** (1 Pedro 5:1-4) Esta corona está reservada para los pastores que se dedican a la enseñanza de otros y pastorean con amor. Estos versos nos dan la descripción de trabajo de los pastores y ancianos. Todo Anciano de una Iglesia tiene que ser consagrado al estudio intenso de las Escrituras y a la devoción profunda a una vida de oración. Es importante que lo que estamos enseñando sea de Dios y no producto de nuestras emociones, opiniones e insistencias doctrinales sin ningún fundamento bíblico. El Pastor está llamado a enseñar correctamente, buscando lo que significan las palabras en el idioma original y en el contexto. No somos originales; no estamos llamados a inventar nada nuevo; somos predicadores y no oradores; nuestros mensajes siempre tienen que ser basados en las Escrituras. Con todas las herejías que existen hoy día, muchos de los que se hacen llamar pastores no ganarán este precioso galardón debido a que insisten en la doctrina del error. Muchos no son ni cristianos, son enemigos mismos de la Cruz del Cristo.

5. **La Corona de Vida** (Apocalipsis 2:10) Esta corona está reservada para todos aquellos que rehusaron negar el nombre de Cristo, aún ante la muerte. Todavía en los Estados Unidos nuestra fe no es probada como lo es en otros países. La corona de vida, ¿Quién la desea? Esta corona significa el ser fieles a Cristo aún ante la seria amenaza de la muerte misma; no tan solo de nosotros, mas también de nuestras familias. Creo que pronto vamos a tener la oportunidad de ganar esta corona; personalmente no la deseo; espero que así no sea; pero si me toca; le pido a Dios que me prepare para recibirla. Creo que es una corona pintada con sangre que también le entregaremos a Dios en esa hora maravillosa.

Hermanos, Dios nos ha dado al Espíritu Santo; el mora en nosotros; Jesús derramó su sangre por nosotros; tenemos la ayuda de los Ángeles, dones que Dios mismo nos ha dado; nos ha dado pastores buenos, amigos espirituales y aún su Palabra misma. Dios nos ha dado todo lo que necesitamos para ser exitosos con la visión y misión que Dios nos ha mandado a llevar a cabo en esta tierra.

Nuestras vidas son vidas con propósito santo; no la desperdicies; échale ganas a todo lo que estás llamado a hacer. Como cristianos tenemos mucho que hacer; Dios no nos ha llamado a ser flojos y vagos. Las buenas obras son las que le dan brillo a la luz del cristiano (Mateo 5:16). Ultimadamente, estas coronas no son para nosotros; estas coronas son para nuestro Dios en un acto precioso y poderoso de adoración.

Oración por Eric y su Esposa Miriam

Padre, te pido por el alma de estos dos, mis hermanos y familia en Cristo. Padre, protégelos y guárdalos bajo la sombra de tus alas. Que tu propósito santo se haga en sus vidas. Ambos son maestros de escuela; te pido que los conviertas en maestros poderosos y ungidos de tu Palabra. Padre, madúralos pronto. Gracias por el Espíritu Santo que mora en ellos; que le enseña tu voluntad; gracias por el espíritu en ellos; un espíritu bueno guiado por el Santo Espíritu; un espíritu que protege sus almas. Gracias por almas fuertes y sanas de dolor e idolatría. Oh Jehová acuérdate de cómo nos bendijeron, al pastor Andrés, su familia y como me mostraron tanto amor. Bendice también a su pastor, el Pastor Mario; que se haga tu linda voluntad en la vida del Pastor Mario; guárdalo a él, a su esposa y a sus hijos y a toda esa congregación que tanto ayudaron en la boda de mi Pastor Andrés y su esposa Brenda; no permitas que el enemigo arranque de ellos la semilla de tu Palabra. En ti confío Padre… En el nombre de Jesús… Amén.

La Quinta Bandera: La Bandera de la Libertad

"Así que entonces, hagamos bien a todos…"
(Gálatas 6:10)

El cristiano es una fuente de bien; es un manantial de buenas obras y poderoso instrumento de bendiciones. La gran comisión es un clamor para que nosotros, los hijos e hijas de Dios, hagamos discípulos a todas las naciones; eso quiere decir, de todos los grupos étnicos.

No hay lugar en el evangelio para el racismo. Todos somos llamados a ser internacionales y aunque todos tenemos nuestras propias culturas; es importante enfatizar que la cultura del cristiano se encuentra en la Biblia, no en nuestros países de origen. Todo lo que exista en nuestras culturas que viole las Escrituras hay que echarlo a un lado.

Con esta bandera declaramos abierta y honestamente que somos un pueblo que, aunque rechaza el mundo secular y el pecado, ama a los hijos de Dios y ama también a los perdidos. No discriminamos enfocándonos solo en un grupo; sino que somos sensitivos a la voz de Dios cuando nos llama a ministrarles a otros cuyas pieles son diferentes a la de nosotros y cuyo estatus social es más alto o más bajo de acuerdo con los estándares sociales. Dios nos ha mandado a ser libres; libres para no poner limitaciones geográficas o étnicas al evangelio.

Domingo 18 de diciembre de 2016

Se suponía que este fin de semana predicara en una Iglesia en la Ciudad de Progreso. Más en mi espíritu sentí que no quería terminar este viaje en ningún otro lugar que no fuera "La Hermosa." Mi viaje a Progreso fue el único compromiso que cancelé. Por lo que luego de dos días en Playa del Carmen, hicimos el viaje de vuelta a Yokdzonot.

Cuarta y Última Enseñanza en La Hermosa
Principios Básicos de la Mayordomía Bíblica

Hoy día en las iglesias nadie quiere hablar de dinero; eso se debe a que este tema se ha abusado y mal enseñado por muchos años. En el proceso, muchos ministros se han enriquecido y a su vez hecho tropezar a muchos cristianos. Mas hoy vamos a tocar este tema, el cual es importantísimo. Una vez más, he sido un hombre que ha cometido muchos errores; pero aun así he sido llamado a enseñar a otros, en parte, precisamente, porque he aprendido de estos errores.

Angel Casiano

La economía de los Estados Unidos es la economía más fuerte del mundo; sin embargo muchos han abusado de sus finanzas y se encuentran batallando para pagar todas sus cuentas y peor aún, no tienen paz. Hace cinco años me propuse una meta; esa meta fue el estar completamente libre de deudas antes de cumplir los 50 años. Hoy día tengo 48 años y, con el favor de Dios, en 9 meses seré un hombre libre de deudas. 1 Timoteo 6:10 nos dice, "Porque la raíz de todos los males es el amor al dinero, el cual codiciando algunos, se extraviaron de la fe, y fueron traspasados de muchos dolores." (Reina Valera 1960) La Mayordomía es básicamente la administración de recursos de forma responsable. Una persona con una buena mayordomía es una persona que vive de acuerdo con los recursos que tiene y no por encima de los mismos. La mayordomía no envuelve solo el dinero; envuelve el uso de nuestros talentos, el uso de nuestro tiempo y en general, todo lo que Dios nos ha dado. Pero creo que es esencial que hablemos de las consecuencias devastadoras del amor al dinero.

1. La Biblia describe el amor al dinero como la raíz de todos los problemas. La Biblia no dice que es la raíz de algunos problemas, sino de TODOS. Creo entonces que esto merece nuestra atención.

2. Tiene el potencial de extraviar a personas de la fe. El enfoque ya no es Dios sino que viene a ser la condición de nuestras finanzas. Primero, comprando cosas las cuales no son necesarias para nuestro diario vivir; pero peor aún, cosas que no tenemos el dinero para comprar; por lo que nos somete a la maldición de los préstamos. Segundo, la carga de los préstamos y sus intereses nos roba lo que Dios nos ha dado y tercero, Cuando le debemos a alguien nos convertimos en esclavos de ellos de acuerdo con Proverbios 22:7, "El rico se enseñorea de los pobres, Y el que toma prestado es siervo del que presta." (RVR 1960) Por eso es que el amor al dinero tiene tanto poder.

El dar es una responsabilidad bíblica de acuerdo con Primera de Pedro 4:10, "Cada uno según el don que ha recibido, minístrelo a los otros, como buenos administradores de la multiforme gracia de Dios."

(RVR 1960) El dar no solo se refiere a nuestras finanzas; pero a la multiforme gracia de Dios. Esto quiere decir que hay que bendecir a Dios con, por lo menos, nuestros diezmos y nuestras ofrendas; nuestros talentos, nuestro tiempo, etc.

Es importante que demos según somos prosperados. Eso de dar sus casas, carros y todo lo que gana a un ministerio, no es fe, es irresponsabilidad. Dios sabe que usted está obligado bíblicamente a proveer para su familia (I Timoteo 5:8). Estamos llamados a dar según somos prosperados.

Muchos hoy día argumentan la validez bíblica del diezmo y lo llaman una cosa del Antiguo Testamento; más en Mateo 23:23 Jesús confronta la hipocresía de los fariseos sin anular el diezmo; y así lo relata al decir "sin dejar de hacer aquello." Aquello son los diezmos y las ofrendas. Mateo 5:17 nos dice que Jesús no vino a eliminar la ley, sino a cumplirla. El no diezmar ni ofrendar es un robo a Dios de acuerdo con Malaquías 3.

Es la voluntad de Dios que prosperemos; pero la prosperidad financiera no puede ir más allá de la condición de nuestras almas. Tercera de Juan 1:2 nos dice; "Amado yo deseo que tú seas prosperado en todas las cosas, y que tengas salud, así como prospera el alma." (RVR 1960). Hermanos, cuando no tenemos la capacidad de correctamente manejar nuestras finanzas, cuando no podemos resistir la tentación de hacer préstamos para comprar cosas que codiciamos, cuando no podemos ahorrar ni un centavo, cuando aun teniendo trabajos y ganando buen dinero siempre estamos en necesidad, estos son indicativos de que hay algo en nuestras almas que no está bien. Por eso es que nuestras almas tienen que estar sanas para que de esa forma estemos listos para la prosperidad y no sea que la prosperidad nos hiera aún más. ¿Sabían ustedes que un alto por ciento de la gente que se hacen ricos a través de ganar la lotería, cinco años luego están en bancarrota? Es decir, en peor condición económica de lo que estaban antes de ganar la lotería.

Angel Casiano

El cristiano está llamado a estar libre de deudas de acuerdo a Romanos 13:8 "No debáis a nadie nada, sino el amaros unos a otros; porque el que ama al prójimo, ha cumplido la ley." (Reina Valera 1960) Hermanos, una evidencia clara de que no es el tiempo de obtener algo es si no lo podemos pagar en efectivo y a su vez sin afectar las demás responsabilidades financieras que tenemos. En otras palabras, si usted quiere comprarse un carro nuevo; pero la única forma de obtenerlos es mediante préstamos, eso no es de Dios. También se puede dar la ocasión en que usted tenga el dinero en efectivo para comprar lo que quiere; pero en el proceso sacrifique la comida, el pago de la luz, el agua y otros. Estas son actitudes irresponsables.

Tenemos un mandato de Dios de ser fieles con nuestras finanzas para poder disfrutar de la prosperidad que va más allá de las finanzas de acuerdo con Lucas 16:11, "Pues si en las riquezas injustas no fuisteis fieles, ¿quién os confiará lo verdadero?" (Reina Valera 1960) Muchas veces cuando hablamos de riquezas solo pensamos en el dólar; más la Biblia nos habla de lo verdadero. Hay riquezas que van más allá y son más importantes para el ser humano que el dinero. Hermanos, no podemos ponerles precio a las bendiciones espirituales; mas tenemos que ser fieles con el dinero y utilizarlo correctamente.

Nunca olvides de encomendarle a Dios todas tus obras para que tu forma de pensar sea firme y no alocada; para que tomes buenas decisiones y no decisiones que te lleven a la ruina. Proverbios 16:3 nos dice, "Encomienda a Jehová tus obras, y tus pensamientos serán afirmados." (Reina Valera 1960). Te has preguntado ¿por qué tomamos tantas malas decisiones y por qué nos metemos en tantos préstamos y deudas? Te has preguntado ¿por qué parece ser que nunca prosperamos en ninguna manera? Esto pasa porque nuestros pensamientos no están afirmados en Dios. Como no le encomendamos nuestras obras he insistimos en hacer las cosas a nuestra manera, constantemente le estamos pegando a una pared dura e impenetrable con nuestras propias fuerzas.

En este, mi cuarto viaje a "La Hermosa" en casi 15 años, me quedé más tiempo, prediqué y enseñé mucho más y además tuve la oportunidad de visitar otras Iglesias. Hermanos, "La Hermosa" no tiene nada que envidiarle a ninguna Iglesia que yo haya visitado ni aquí, ni en los Estados Unidos. "La Hermosa" tiene mucho potencial y muchas cosas que Dios quiere hacer. Más "La Hermosa," así como la Iglesia de Cristo en general, tiene que someterse a la Palabra de Dios.

Creo en lo que Dios está haciendo aquí; por eso me he tomado el tiempo para dar. Quiero continuar contribuyendo en lo que pueda para que este edificio sea terminado. Compré el cemento necesario para terminar las paredes dentro del templo y pintura para terminar de pintar la Iglesia por dentro. Quiero que esta Iglesia sea hermosa; que este edificio sea hermoso. Aquí también le presento al pastor con todas las ofrendas que recibí en la Iglesias en la cuales tuve la oportunidad de predicar en este viaje. Lo hago, porque quiero darles el ejemplo de que yo creo en lo que Dios está haciendo aquí. La pregunta es, ¿Crees tú?

La Sexta Bandera: La Bandera de la Oportunidad

"...Según tengamos la oportunidad..."

(Gálatas 6:10)

Las oportunidades son como las puertas de los trenes en los aeropuertos; las puertas se abren brevemente y si no entras en el tren durante esos cortos segundos, las puertas se cierran y el tren se va. En el caso de los aeropuertos, sabemos que otro tren vendrá en un periodo de tiempo relativamente corto; en la vida no es tan sencillo, hay ciertas oportunidades que no se presentan con tanta frecuencia. Por ejemplo, si Dios pone en tu corazón hablarle a una persona extraña del evangelio; Él te proveyó con el perfecto tiempo y espacio para hacerlo, si no lo haces, puede que nunca más tengas la oportunidad de ministrarle a esa persona.

Angel Casiano

Hace muchos años, cuando era parte de la Iglesia "La Casa del Padre," una señora americana que nunca había visto antes nos visitó un domingo. Ella se sentó sola en la parte de atrás de la Iglesia. Durante el tiempo en que nos abrazábamos como hermanos en el servicio sentí ir a ella y decirle que Cristo la amaba, sentí regalarle una sonrisa, dejarle saber que ella existía y darle alguna palabra de aliento. Más no lo hice porque me sentí incómodo de que ella era mujer y yo hombre. En mi mente me convencí de que ese era el trabajo de una mujer. Pocos días después me enteré que esa mujer se quitó la vida. ¿Hubiese yo hecho la diferencia para evitar dicha tragedia? La muerte de esa mujer me afectó por un tiempo; aún hoy me causa cierto grado de tristeza; pero aprendí la lección.

Creo que todos los días tenemos la oportunidad de hacer algunas buenas obras para Dios que no son necesariamente tan drásticas, más que son de mucho impacto. Cuando tenía 17 años me encontraba en la ciudad de Mayagüez, Puerto Rico. Estaba buscando un teatro para una supuesta audición de canto. Me sentía muy molesto ya que no pude encontrar el lugar y perdí así la oportunidad de ser parte de esta audición. De repente esta señora, quizás de algunos 50 años, se me acerca y me dice, "Cristo te ama." Su cara era angelical; tenía una preciosa sonrisa; solo me dijo que Cristo me amaba y siguió su camino. Le tomó dos segundos hablarme del amor de Cristo; solo recuerdo que tan pronto como esa señora me dijo eso, todo el coraje que sentía por perderme la audición se apartó de mí. Sentí un gozo y sentí paz. Estoy seguro de que esa señora plantó una semilla muy grande en mi corazón; sé que tendré la oportunidad de verla en la nueva Jerusalén y darle las gracias.

Esta bandera es crucial en nuestras vidas como ministros; Cristo continúa siendo relevante; continúa siendo la única solución para el problema del mundo, el pecado. Tenemos en nuestras bocas el mensaje más poderoso en la historia de la humanidad. Esta bandera es evangelista en términos de las oportunidades que tenemos de minístrale a las almas perdidas, mas también es la bandera que usamos para ministrarnos los unos a los otros como parte de la familia del Cuerpo de Cristo.

Existen los enemigos en contra de esta bandera, enemigos tales como la apatía, la falta de compasión, la vagancia y la más común, la timidez. La timidez muchas veces se viste de humildad; mas no te dejes engañar. La humildad es reconocer que en Dios existe nuestra total dependencia. La timidez es una bofetada en contra de la fe y provoca actos de cobardía. La timidez le ha robado grandes bendiciones a muchos; no permitas que te robe tu bendición y la bendición que tú tienes para otros. Abre tus ojos, mira a tu alrededor y no pierdas las oportunidades que Dios te da para hacer buenas obras.

Cuarta Bendición Espiritual
"Mi Padre Espiritual es Mexicano"

Lunes 19 de diciembre de 2016

Ya hoy comienzo el largo viaje de regreso a Alaska. Antes de desarrollar esta sesión de mi libro quiero establecer algunos puntos bien claros: 1) Apenas dos semanas atrás, en el día en que yo comencé mi viaje para estas tierras, no sabía que terminaría haciendo lo que hice hoy y, 2) independientemente de lo que usted lea en los próximos párrafos, quiero que el mundo sepa que mi padre biológico se llama Luis Ángel Casiano Mercado. Amo, respeto y honro a mi padre siempre. Mi padre ha sido un hombre trabajador, que me ha enseñado muchas cosas valiosas en la vida y a él no lo cambio por nadie.

La Biblia nos dice en Primera de Corintios 4:15, "Porque aunque tengáis innumerables maestros en Cristo, sin embargo no tenéis muchos padres; pues en Cristo Jesús yo os engendré por medio del evangelio." (La Biblia de la Américas) El tema de la escasez de padres en el cuerpo de Cristo es uno de mucha importancia para Dios. El Antiguo Testamento termina con las siguientes palabras, "He aquí, yo envío al profeta Elías antes que venga el día del Señor, día grande y terrible. El hará volver el corazón de los padres hacia los hijos, y el corazón de los hijos hacia los padres, no sea que venga yo y hiera la tierra con maldición." Malaquías 4:5-6

Angel Casiano

Nací de nuevo el 26 de abril de 1997. Luego de ser ministrado por el Hermano Doug Berenguer; quién me diera unos tratados que contenían la información de las buenas noticias del evangelio. En la sala de la que fue mi casa en Jacksonville, Florida pronunciaron mis labios y creyó mi corazón, la oración que salvaría mi alma. Por la gracia de Dios y proveyendo El también, la fe para creer, le di mi vida a Cristo. Doug Berenguer fue y por siempre será un extraordinario amigo y maestro para mí.

Luego de asistir algunos meses a la Iglesia "First Coast Christian Center" en Jacksonville, Florida, me hice parte de la Iglesia, "La Casa del Padre" con el Pastor José Bosque. Bosque fue un hombre que impartió muy buenas cosas en mi vida; le agradezco mucho en términos de ministerio. Fue quizás lo más cerca a un padre espiritual para mí. Más luego en nuestras vidas tomaríamos diferentes rumbos en doctrina y ministerio.

Por muchos años he visto unos muy buenos maestros; otros… ¡no tan buenos! Más me pregunté en más de una ocasión, ¿habrá alguien que me ame lo suficiente como para ser mi padre espiritual? Sé que mi personalidad es difícil, sé que puedo intimidar, sé que no soy fácil, por lo que casi me resigné a la idea de andar por esta vida sin un padre espiritual.

Para serles completamente honesto, no vine a México pensando que aquí encontraría mi padre espiritual. Andrés Briceño Ruiz es como un hermano y amigo que quiero mucho a pesar de la distancia; nunca me vi como un padre para él o a él como un padre para mí. Eso cambiaría hace una semana cuando el Espíritu Santo comenzó a trabajar conmigo. No argumenté ni vi la idea de que el Pastor Briceño fuese mi pastor como algo extraño o fuera de orden. ¿Por qué no? Especialmente después de ministrarme de la forma que lo hizo; este hombre ha sido el hombre de más sabiduría en el tema del alma, del cuerpo y del espíritu que he conocido en mi vida. Nadie me ha ministrado con tanto poder y sabiduría como este hombre.

7 Banderas de Esperanza

Hoy fuimos a caminar el Pastor Andrés y yo como lo hemos hecho por algunos días. Le confesé secretos de mi vida que no he compartido con mucha gente y luego, en obediencia al Espíritu de Dios le expresé mi sentir de que él debía de ser mi padre espiritual. El Pastor Briceño lo sintió de Dios; e inclusive, me dijo que su Apóstol, el Apóstol Gabriel le expresó ciertas ideas que confirmaron lo que en ese momento hablábamos. El Pastor Briceño me aceptó como hijo, hizo una oración poderosa sobre mi vida, como lo ha hecho consistentemente en estos días. Regreso a Alaska bendecido; creo que, sin dudas, recibí más de lo que di.

"Gracias Padre por el privilegio y la bendición de este viaje. Hay verdaderamente, mucho que estudiar, mucho que hacer y poner en práctica. Padre siento que no puedo hacer todo esto solo; por eso clamo para que tu Santo Espíritu me ayude. Por eso en este día te doy las gracias por tu hijo Jesús; por ser mi Salvador y mi Señor; pero hoy te pido que Jesús sea mi abogado. Padre, he abierto puertas para que el enemigo legalmente me ataque y me sacuda a mí y a mi familia. He sido ignorante en estas cosas he ignorante en cómo combatirlas; pero te doy las gracias que a través de tu siervo, el Pastor Andrés Briceño Ruiz me mostraste misterios y estrategias para la batalla. Gracias porque me muestras las verdades de las antiguas sendas. Tú eres bueno mi Dios y has tenido mucha misericordia conmigo. Gracias por tu amor, tu compasión y disciplina. Gracias por quitar el espíritu de condenación y culpa que residía en mí. Gracias, porque has tratado conmigo como un Padre. Tú, oh Jehová has declarado mi completa libertad, restauración y quemas toda maldición que he dejado entrar en mi familia. Sí Padre, tomo responsabilidad y te pido perdón; clamo la sangre de Cristo; la fuerza del Espíritu Santo; pero sin ignorar lo que me toca hacer; sin darle paso a la vagancia y al descuido. Declaro mi alma sana, declaro que mi espíritu se somete al Espíritu de Dios y declaro que mi cuerpo exalta a Jehová. Declaro que mi cuerpo, alma y espíritu funcionan en unidad asumiendo cada uno su divina responsabilidad. Sí Señor; mi alma te alaba, mi espíritu te adora y mi cuerpo te exalta en este día… en el nombre de Jesús… ¡Amén!"

CAPÍTULO 8

DE REGRESO A FAIRBANKS

20 de diciembre de 2016

Los viajes para ver a mis seres queridos desde Alaska siempre son algo incómodos. O las sillas de los aviones son cada vez más pequeñas, tal vez yo estoy más gordo o quizás una combinación de ambas. Pero no importando la incomodidad, definitivamente este viaje me dejó mucho que estudiar con respecto a la Palabra; específicamente temas como las maldiciones, bendiciones, el alma, el cuerpo y el espíritu. El Pastor pasó mucho tiempo ministrándome en estos temas y fue de gran bendición y revelación. Por mi parte dejé muchos estudios hablando de la Iglesia y de la forma que la Iglesia, bíblicamente hablando, está llamada a operar.

Esta vez salí de Yokdzonot en una mejor condición espiritual que cuando llegué. Esta vez salí con la bendición de Dios; la bendición de una tierra bendita, de un sol radiante; salgo con la bendición y significado profético de una tierra que flota sobre ríos; la tierra de los cenotes y el calor del caribe mexicano.

Angel Casiano

La Séptima Bandera: La Bandera de la Familia

"…especialmente a los de la familia de la fe."
(Gálatas 6:10)

El 31 de julio de 2016 comencé un ministerio; una iglesia local; mas no con la intención de ir y traer miembros; si no con el propósito de enfocarme en mi familia primero, enseñarles los mandamientos de Cristo y luego expandir en el proceso de hacer discípulos. Después de este viaje a México, el trabajo que tengo que hacer con mi propia familia es aún más profundo; es trabajar con la función correcta del alma, del espíritu y del cuerpo.

La bandera de la familia se enfoca en dos áreas; nuestra familia nuclear o los que viven bajo nuestro mismo techo y la otra es nuestra familia espiritual; todos los hermanos y hermanas alrededor del mundo que le han dado su vida a Cristo.

Para comenzar a expandir en el significado de esta bandera démosle un vistazo a Abraham. Abraham es uno de los personajes bíblicos más especiales e importantes en la Biblia. Es el padre de la nación de Israel, (Génesis 12:1-3) es el padre de muchas naciones (Génesis 17:4) el padre de nuestra fe como cristianos (Romanos 4:11) y también, debo añadir que, cuando los hombres y mujeres de Dios mueren, van directamente a lo que la Biblia llama el Seno de Abraham (Lucas 16:19-31).

Nos preguntamos entonces, ¿Cuál fue la razón por la cual fue escogido Abraham para semejante honor? La Biblia no necesariamente tiene que darnos la respuesta; Dios no tiene que dar explicaciones de por qué escoge a éste o a éste otro; mas con Abraham es diferente; con Abraham Dios nos da la respuesta a esta interrogante.

Abraham no era un hombre que fuese descrito como alto, de bella apariencia; no era descrito como un gran guerrero u hombre de gran inteligencia. De hecho en una ocasión, por protegerse a él mismo, estuvo dispuesto a sacrificar a su propia esposa. Como su esposa Sara era una mujer preciosa, aún entrada en años, él tenía miedo de que lo mataran solo con el propósito de quitarle la esposa; por lo que introdujo a Sara como su hermana en las tierras de Gerar, tal y como se expone en Génesis 20. Dios mismo intervino en el asunto para salvar a Sara que estaba a punto de ser dada en casamiento con otro hombre. No necesariamente la clase de hombre que uno desea para sus propias hijas.

Sabemos que Abraham era un hombre de fe; y eso lo hacía poderoso. Más existe otra razón más específica para el llamado tan extraordinario de Abraham. En Génesis 18:17-19 la Biblia nos dice, "Y Jehová dijo: ¿Encubriré yo a Abraham lo que voy a hacer, **18** habiendo de ser Abraham una nación grande y fuerte, y habiendo de ser benditas en él todas las naciones de la tierra? **19** Porque yo sé que mandará a sus hijos y a su casa después de sí, que guarden el camino de Jehová, haciendo justicia y juicio, para que haga venir Jehová sobre Abraham lo que ha hablado acerca de él." (RVR 1960) Dios sabía que Abraham mandaría a sus hijos y aún a sus nietos a que guardasen el camino de Jehová. Dios estableció, desde el principio, la importancia vital de la familia.

En el Nuevo Testamento Dios describe al hombre que no provee para la familia, como peor que un incrédulo y lo cataloga como alguien que ha abandonado la fe (Primera de Timoteo 5:8). Después de Dios, les corresponde el lugar a nuestras familias. Cuando hablo de Dios no estoy hablando de ministerio; estoy hablando de nuestra intimidad con Dios a través de un estilo de vida de oración, adoración, alabanza y exaltación a Dios. Poner a Dios primero significa que somos discípulos de Cristo; estudiantes y seguidores de su Palabra; (Juan 8:31-32); significa que nos negamos a nosotros mismos y que cargamos nuestra cruz. (Mateo 16:24)

Dios le ha dado un valor extraordinario a la familia; sin embargo, parece increíble ver que las Iglesias cada vez más parecen clubes sociales, cuando están llamadas a funcionar como familia. Por otro extremo, las familias cada vez se descuidan más y lucen como extraños hospedándose juntos en una casa.

A veces miramos hermanas y hermanos en Iglesia que tienen servicios o actividades casi todos los días de la semana, pero la familia no tiene tiempo para ellos mismos. Es como si creyeran que el edificio, al cual conocemos como Iglesia, tiene algunos poderes sobre naturales para mantener al pueblo en santidad. Como ministros, comúnmente ponemos al ministerio por encima de la familia.

El ministerio no es Dios; el ministerio es lo que hacemos para el servicio del pueblo de Dios. El ministerio es importantísimo ya que es en donde estamos llamados a usar nuestros talentos; pero no tiene más importancia que la familia. Peor aún, hay quienes no pasan tiempo de intimidad con Dios, y se la pasan ministrando; por consiguiente, éstos van a terminar cansados y, lamentablemente escucharán las palabras de Mateo 7:21-23, "No todo el que me dice: Señor, Señor, entrará en el reino de los cielos, sino el que hace la voluntad de mi Padre que está en los cielos. **22** Muchos me dirán en aquel día: Señor, Señor, ¿no profetizamos en tu nombre, y en tu nombre echamos fuera demonios, y en tu nombre hicimos muchos milagros? **23** Y entonces les declararé: Nunca os conocí; apartaos de mí, hacedores de maldad." (RVR 1960)

Tal y como La Gran Comisión se ha convertido en la gran omisión, la familia se ha venido descuidando y perdiendo dentro de nuestros propios templos. En este día y desde el 31 de Julio del 2016 he levantado esta bandera en alto. Este cuarto viaje a México me ha ayudado agarrar esta bandera de una forma aún más firme y de levantarla aún más en alto.

CONCLUSIÓN

Dejo a Yokdzonot con un deseo muy grande de ministrar la Palabra alrededor del mundo y dedicarme mucho a la ministración en mi familia. Esta vez no llegué a mi hogar deprimido como en el primer viaje; ni con diarreas como en el tercer viaje o peor aún, como si no hubiese pasado nada, como en el segundo viaje.

Este viaje a México fue, de todos, el más especial. Fue el viaje en el cual más di de mí; pero en el cual recibí aún más. Este viaje me dio la bendición de Yokdzonot. Con este viaje a México termino el 2016 espiritualmente fuerte y recibo el 2017 con propósito, con herramientas de batalla, con más sabiduría y… con siete banderas de esperanza.

Sobre el autor

ANGEL CASIANO

Ángel Casiano nació en la ciudad de Brooklyn, New York en Abril de 1968. Sus padres, Norma Iris Claudio Lugo y Luis Ángel Casiano Mercado regresaron a su tierra natal, Puerto Rico en el verano del 1975. Desde la escuela elemental hasta graduarse de la universidad con bachillerato en Sociología, Ángel radicó en Puerto Rico. En Julio del 1991, después de graduarse de la Universidad Interamericana de San Germán, Ángel se mudó al estado de la Florida. En Abril 26 del 1997 Ángel recibe a Cristo Jesús como su Señor y Salvador. Su vida como ministro comenzó de inmediato. En su trabajo, en donde se destacaba trabajando con adolescentes que habían sido removidos de sus hogares

Angel Casiano

debido a abusos físicos, sexuales, abandono y otros, comenzó a enseñar la Palabra. Esto se debió a que los niños, al ver su cambio, le hacían muchas preguntas sobre Dios y la Biblia. Ángel cuenta con más de 20 años de experiencia en diferentes ministerios. En el año 2005 Ángel fue llamado a pastorear una Iglesia en el estado de Carolina del Norte. Fue en Carolina del Norte en donde perdió su primera esposa debido al cáncer. Hoy día Ángel Casiano reside en el Estado de Alaska con su nueva esposa, la Doctora Rayette P. Casiano e hijos. Ángel Casiano es el fundador del ministerio "Beyond Opinions" (Más Allá de la Opiniones). Este ministerio utiliza los medios sociales para transmitir la Palabra de Dios y aplicarla a eventos actuales. Ángel también a ministrado por muchos años como escritor; es autor del libro "Hope for the Divorcee: Forgiven and Moving Forward." Ángel también es maestro de Biblia voluntario en "The Rescue Mission." un ministerio de rehabilitación de drogas y alcohol en la ciudad de Fairbanks, Alaska. En parte, el libro que tienes en tus manos es una autobiografía que explica en detalles eventos reales en la vida de Ángel Casiano. Para más información visita nuestra página, www.angelcasiano.com.

www.ingramcontent.com/pod-product-compliance
Lightning Source LLC
Chambersburg PA
CBHW052101110526
44591CB00013B/2310